지은이
리처드 홀먼

작가, 강연가, 크리에이티브 코치. 창의력이 필요한 곳이라면 어디든지 달려간다. 미국, 유럽, 아시아 등 각지에서 내셔널지오그래픽, 워너브라더스, 아이맥스, 펭귄랜덤하우스, BBC, FOX, NBC 유니버설 등 여러 기업과 콘퍼런스의 초청을 받아 강연을 진행해왔다. 아티스트, 작가, 디자이너 등 창의력이 필수적인 분야에 종사하는 사람들을 초대해 이야기를 나누는 팟캐스트 채널 〈The Wind Thieved Hat〉을 운영하고 있다. 홀먼은 인간이 보유하고 있는 가치 중 창조성이 사랑 다음으로 가장 중요하다고 믿는다. 창조성은 그가 20여 년간 광고 및 디자인 업계에서 일하는 데 핵심적인 원동력이 되었다. 지금은 더 좋은 아이디어를 얻기 위해 고군분투하는 다른 창작자들을 돕는 일에 매진하고 있다. 훌륭한 아이디어가 어디서 나오는지 고민하는 시간 외에는 웨일스 남쪽 지역의 언덕을 오르락내리락 거닐며 공상에 빠져 있다.

그린이
알 머피

세계적인 일러스트레이터이자 애니메이터. 코카콜라, 아디다스, 던킨도너츠, 이케아, BBC, MTV, T-Mobile 등 유명 브랜드와 매체의 의뢰를 받아 일러스트 작업을 해왔고, 『가디언』『워싱턴 포스트』『뉴욕 매거진』 등에서 삽화를 그렸다. 주로 돈을 잘 벌기 위해 의뢰를 받지만 돈에 '만' 관심 있는 것은 아니라서, 어머니의 생일에는 손수 그린 그림을 선물하고 크리스마스에는 보육원 아이들을 위해 그림을 그린다. 베를린, 뉴욕에서 살다가 지금은 가족과 함께 런던에서 지내고 있다.

크리에이티브 웨이

도둑맞은
창조성을 되찾는
10가지 방법

리처드 홀먼 지음 · 알 머피 그림

박세연 옮김

크리에이티브 웨이

Creative Demons and How to Slay Them

현대
지성

4 　스스로를 창작자라 부르기 어렵다고 느낄 때가 많다. 세 권의 책 출간과 두 번의 개인전, 93만 유튜브 채널을 운영해도 의심은 여전히 쉽게 사라지지 않는다. 그렇게 늘 무거운 마음을 안고 창작의 길을 걷던 와중에 이 책을 발견했다. 아무 생각도 떠오르지 않을 때는 '좋은 아이디어' 대신 '최악의 아이디어'를 내보자는 조언이 이상하게 큰 위로가 되었다. 동시에 창조적 삶의 여정에는 언제나 창조성을 파괴하는 내면의 악마가 함께한다는 것을 깨달았다. 『크리에이티브 웨이』는 그들의 정체성과 우리가 현명하

게 공생하는 법에 대해 친절히 안내한다. 귀여운 삽화 덕분일까? 더 이상 내 안의 악마들이 두렵지 않다. 우선 우리 모두 미루기의 악마부터 물리쳐보자. 오랫동안 미뤄온 창조성을 펼칠 시간이 왔다.

☆ **이연** | 93만 유튜버, 드로잉 크리에이터

일러두기

단행본과 잡지는 『 』, 영화와 TV 프로그램은《 》, 노래와 미술 작품 등은〈 〉
로 표기했습니다.

차례

창작하는 사람의 관점에서 바라볼 때,
모든 것은 도박이자 미지의 세계로 뛰어드는 일이다.

by 구사마 야요이

들어가며

다섯 살 아이들을 방 안에 모아놓고 종이와 펜을 나눠준 다음 각자 좋아하는 것을 그려보라고 하자. 그러면 아이들은 멋지고 독특한 예술 작품 한 무더기를 내놓을 것이다. 몇몇 그림은 우리가 이미 알고 있는 사물들을 닮을 테고, 지극히 추상적인 작품도 눈에 띌 것이다. 어떤 작품은 화려한 낙서처럼 보일지도 모른다. 어쨌든 아이들은 모두 무언가를 창조해 낸다.

이제 열 살 넘은 아이들을 똑같은 방에 모아놓고 똑같은 종이와 펜을 나눠주고 마찬가지로 좋아하는 것을 그리도록 지시해보자. 아마도 십 대 청소년이라면 머뭇댈 것이다. 그들은 당신에게 어떤 지침을 달라고 요청한다. 그리고 어색한 표정으로 주위를 둘러보면서 다른 아이들이 무엇을 그리는지 눈치를 본다. 운이 좋다면 열심히 과제에 임하는 몇몇 아이들을 만나겠지만, 대부분은 그림을 못 그리기 때문에 시작도 할 수 없다며 저마다 푸념을 늘어놓을 것이다.

대체 무슨 일이 벌어진 걸까?

용감무쌍한 창조성은 모두 어디로 사라졌는가?

흔히들 창조성은 배우는 것이 아니라 타고나는 것이라 말한다. 사람들은 나이가 들어가면서 자신의 창의력에 많은 의문을 품는다. 우리는 다른 사람의 작품을 부러움이 가득한 눈으로 바라보며 이렇게 생각한다. '나는 절대 저렇게 못 해.' 그러고는 실수를 저지르지 않을까, 바보처럼 보이진 않을까 더 많이 걱정한다. 이처럼 우리 모두는 오랜 시간에 걸쳐 서서히 창조성을 파괴하는 자기만의 악마를 만들어낸다.

들어가며

12 　　소설을 구상하고 첫 번째 장을 시작하려고 할 때,
오늘보다 내일 시작하는 게 더 낫다고 교활하게 속
삭이는 목소리가 바로 당신의 악마다. 캔버스 앞에
자리 잡은 당신의 손을 강하게 잡아끌면서 아무것
도 그리지 못하도록 가로막는 존재 역시 당신의 악
마다. 그리고 당신이 가치 있는 무언가를 만들어낼
가능성이 전혀 없는 구제불능 모방자라고 한밤중에
귀에다 중얼거리는 존재 역시 당신의 창조성을 죽
이는 악마다.

　　여기서 나는 창조의 여정에서 마주치는 길목마다

우리의 창조적 충동을 좌절시키려고 시도하는 성가신 괴물에 관해 반드시 알아둬야 할 세 가지를 말하고자 한다.

첫째, 큰 성공을 거두고 평단의 찬사를 받는 아티스트나 작가, 음악가, 공연 예술가, 사상가 등 아무리 뛰어나고 늘 무언가를 창조하는 사람들 역시 그들의 창조성을 파괴하려는 악마와 함께 살아간다는 사실이다.

앞으로 살펴보겠지만, 인류 역사에서 최고의 업적을 남긴 인물들 또한 자신의 악마에 맞서 오랫동안 힘들고 위험천만한 싸움을 벌여야 했다. 가령 이탈리아가 낳은 위대한 천재 레오나르도 다빈치, 해리 포터 시리즈라는 역작을 남긴 J. K. 롤링, 미국의 국민 작가 닥터 수스, 영국의 음악 혁신가이자 세계에서 가장 성공한 음반 프로듀서 브라이언 이노, 최고의 재즈 피아니스트이자 작곡가인 허비 행콕, 행위 예술의 여제 마리나 아브라모비치 모두 비슷한 어려움을 겪었고, 결국 극복해냈다.

둘째, 악마들을 오랫동안 방치할수록 그들은 더

욱 커지고 번성한다. 우리가 대응하지 않으면 그들은 우리의 창조성을 완전히 압살하고 말 것이다. 자기 회의와 우유부단함, 두려움은 우리를 옴짝달싹 못 하게 만든다. 그런 일이 벌어진다면 우리는 방금 쓴 멋진 노래 가사나 직접 빚은 도자기 또는 막 그려낸 그림으로부터 한 발짝 물러서서 '내가 해냈어'라고 감탄하며 삶의 가치를 인정하는 기분을 절대 느끼지 못하게 된다.

크리에이티브 웨이

마지막으로 우리가 알아야 할 것은, 창의력을 죽이는 악마가 아무리 무시무시하고 기괴하고 심술궂고 시끄럽더라도, 우리는 얼마든지 이들을 제압할 수 있다는 사실이다. 앞으로 더 살펴보겠지만, 우리는 그들을 긍정적으로 이용할 수도 있다.

세상은 그 어느 때보다 창의력을 요구한다. 오늘날 우리는 인류를 비롯해 지구에서 살아가는 다양한 종이 직면하는 수많은 문제를 해결하기 위해 고유한 사고와 혁신을 갖추어야 한다. 모두를 하나로 모으고 오늘을 살아가는 것이 무엇을 의미하는지 이해하는 데 도움이 될 책, 연극, 영화, 음악, 공연, 예술을 필요로 한다. 그리고 우리는 지금껏 존재하지 않았던 것을 만들어내는 환희 속에서 잠시라도 자기 자신을 잃어버리는 일에 탐닉할 줄 알아야 한다.

이제 나와 함께 악마를 하나씩 사냥하는 길로 떠나보자. 나에게 시간을 조금만 허락한다면 나는 당신이 기발함과 확신을 가지고 위대한 창조자들의 도움을 받아 우리의 마음이 만들어낸 괴물을 어떻게 정복할 수 있는지 보여주려고 한다.

15

Chapter 1

미루기의 악마를 무찌르는 방법

닥치고 그냥 해.

by 귀스타브 플로베르

한 가지 고백하면서 시작하겠다. 나는 이 장을 쓰는 일을 오랫동안 미루었다. 미루기에 관한 내용을 쓰는 일을 미루는 것…. 이를 메소드 글쓰기 기법이라고 불러도 좋겠다(메소드^method 기법이란 배우가 역할에 완전히 몰입해 실제로 그 인물이 된 것처럼 연기하는 기법을 말한다 ─편집자).

좀처럼 글이 써지지 않는 지금 이 순간에도 너무나 지저분한 책상 한구석이 눈에 들어온다. 바로 그때 '미루기의 악마'가 내 귀에 달콤하게 속삭인다. "이봐, 책상을 깨끗이 정리하고 나면 글이 더 잘 써

질 것 같지 않아? 그리고 연필이 너무 뭉뚝해. 내일 깔끔하고 날카롭게 깎아보는 게 어때? 참, 인스타그램을 마지막으로 확인한 게 언제였더라?"

사람들은 가끔 미루기의 악마를 무해한 존재라고 생각한다. 악마가 우리에게 요청하는 일이란 종이에 글을 쓰거나 캔버스에 그림 그리는 일을 내일로 미루라 하는 게 전부다. 그는 절대 하지 말라고 말하지 않는다. 그렇지 않은가? 하지만 얼마나 많은 시와 희곡, 그림, 온전한 예술적 경력까지 악마의 유혹으로 사라지고 말았던가? 일 초는 일 분이 되고, 일 분은 한 시간이 되며, 우리가 미처 깨닫기도 전에 한 시간은 일 년이 된다.

미루기의 악마는 우리의 지극히 사적인 두려움으로부터 파괴적인 힘을 이끌어낸다.

획기적인 무언가를 창조하고자 시도한 경험이 있는 사람이라면 자신이 지금 눈앞의 과제를 시작하지 못하고 있다는 두려움을 느껴봤을 것이다. 또한 작가나 화가, 공연자가 되겠다는 자신의 꿈을 이루려는 바로 그 순간에 스스로가 사기꾼이나 모방꾼

혹은 망상에 사로잡힌 영혼에 불과할지도 모른다는 두려움을 느껴봤을 것이다.

게다가 우리는 스스로 창작하는 작품에 두려움을 느끼기도 한다. 내가 창작하는 작품이 아무짝에도 쓸모없으면 어떡하지? 쓸모는 고사하고 애초에 창조적 역량이라고는 전혀 찾아볼 수 없다고 사람들이 수군거린다면? 그래서 나를 우스꽝스러운 사람으로 만들어버린다면?

또 다른 두려움의 대상은 창작 행위 그 자체다. 즉,

우리는 첫 번째 행에서 시작해 마지막 장면을 완성하는 그 과정 전체가 너무도 고통스러울까 봐 두려워한다. 우리는 스스로 열광하는 창조적인 작품(놀라운 정교함과 대단한 완성도를 지닌 소설과 희곡, 영화 등)을 보면서 그러한 경지에 도달하기는 거의 불가능하다고 여긴다.

그래서 우리는 모든 일을 내일로 미룬다.

그렇게 꿈은 그저 꿈으로 남는다.

미루기의 악마를 물리치기 위해 우리는 두려움에 직면해야 한다. 먼저 자신이 그저 모방꾼에 불과할지 모른다는 두려움을 살펴보자.

이러한 두려움을 느끼는 사람은 당신 혼자가 아니라는 사실이 위안이 될지도 모른다. 존경받는 많은 창작자의 일대기를 들여다보면 그들 대부분이 삶의 다양한 시점에서 자기 회의에 빠져 허우적거렸다는 사실을 쉽게 발견할 수 있다. 당신이 만약 예술가라면 아마도 '인간적'이라는 말의 의미를 고민하는 일에 익숙할 것이다. 한 가지 진실을 말하자면 모든 인간은 삶의 여정에서 자신에 대한 믿음을 쉽게 잃어버리고 만다.

위대한 20세기 소설 중 하나로 존 스타인벡의 『분노의 포도』를 꼽을 수 있다. 이 작품은 1939년에 처음 출판되었다. 미국 대공황 시절의 상실과 상처, 시대의 절망에 맞선 사람들의 끈기를 다룬 이 작품은 스타인벡에게 퓰리처상을 안겨주었으며 노벨 문학상 수상에 중요한 역할을 했다. 그리고 지금은 고전의 반열에 올랐다. 하지만 이 작품을 집필할 당시에 스타인벡은 심각한 자기 의심에 빠져 있었고 이를 일기장에 몰래 털어놨다. "나는 작가가 아니다. 나 자신과 다른 사람을 기만하고 있다. 누구도 내 부족한 능력을 알아채지 못했으면 좋겠다." 잠시 자신감을 잃어버린 게 아니었다. 그가 힘겹게 써 내려간 모든 페이지는 스스로가 무능하다는 의혹에 맞선, 영혼을 메마르게 만드는 싸움의 결과물이었다.

로마의 시스티나 성당 회랑에 그려진 작품의 가치를 의심하는 사람은 없다. 〈천지창조〉는 시대를 통틀어 매우 위대한 예술 유산 중 하나다. 하지만 작품을 창조한 미켈란젤로는 이 작품의 가치를 의심

23

했다. 그는 이 작품을 그렸던 시기에 친구인 조반니 다 피스토이아에게 자신의 고통을 토로하는 시를 써서 보냈다. "내 그림은 죽었다…. 나는 지금 내가 있어야 할 곳에 있지 않아. 나는 화가가 아니다."

세상에는 두 부류의 창조자가 존재한다. 불안을 인정하는 창조자와 불안을 부정하는 창조자. 하지만 이들 모두 불안을 느끼는 것은 마찬가지다. 불안감 은 위대함의 전제 조건이다. 자기 의심이 없다는 것

크리에이티브 웨이

은 자신의 작품을 평가하고 완성하는 과정에 반드시 필요한 명민함이 없다는 말과 같다. 그렇다고 애초에 창작을 시도조차 하지 못하도록 불안감을 그냥 내버려두어서는 안 된다.

자신의 결함과 한계에 얼마나 불편함을 느끼든, 당신이 대단하고 특별한 자리에 있다는 사실을 명심하자. 그 어떤 작가나 예술가도 당신처럼 세상을 보지는 못한다. 그들은 당신이 아니기 때문이다. 이와 관련해 닥터 수스는 지혜로운 말을 남겼다. "오늘의 당신은 당신이다! 이보다 더 진실인 것은 없다! 당신보다 더 당신답게 살아가는 이는 없다!"

일하는 척만 하고 있다면 당신은 단지 그런 척하는 사람일 뿐이다. 붓을 들고 그림을 그리자. 그러면 당신은 화가가 된다. 펜을 들어 글을 쓰자. 그러면 당신은 작가가 된다. 누가 뭐라고 해도 부정할 수 없는 진실이다.

이제 두 번째 두려움으로 넘어가자. 그것은 미루기의 악마를 이기려는 노력이 아무런 성과가 없을 거라는 걱정이다. 무언가를 만들어낸 다음에 오히려 좌절감을 느낄 수 있기 때문이다. 자, 이러한 두려움은 어떠한가?

창조적인 아이디어가 단지 아이디어일 때는 아직 '실행'이라는 요구에 오염되지 않은 상태다. 아이디어는 날아오르고, 아름답고, 완벽하다. 그러나 그 아이디어를 실현하기 위해 노력하는 과정에서 우리는 필연적으로 그 가치를 훼손하는 온갖 현실적인 과제에 직면할 거라고 두려워한다.

그리고 이러한 두려움은 절대적으로 옳다.

쓰디쓴 알약을 달달한 사탕으로 변하게 만들 순 없다.

당신의 첫 원고나 스케치는 엉망일 것이다. 어쩌면 자신이 닮고 싶은 롤 모델의 작품과 너무나 흡사해 파생물처럼 느껴질 수도 있다. 세련되지 못하고 투박해 보이는 건 덤이다. 처음에 영감으로 가득했던 머릿속 통찰력과 자신 앞에 모습을 드러낸 무미건조한 실물 작품 사이의 간극은 도무지 좁힐 수 없을 것처럼 보인다. 분명히 더 단순하게 해결할 수 있었는데도 말이다.

그러나 적어도 당신은 무언가를 가지고 있다. 바로 노력을 기울일 대상이다. 어느 정도의 단어와 문장, 이전에는 한 번도 생각해본 적 없었던 개념들 말이다. 물론 첫 원고를 당신이 도전하고 있는 분야의 뛰어난 고전 작품들과 비교한다면 틀림없이 한심하게 느껴질 정도로 부족할 것이다. 그러나 그 대단한 작품들조차 처음에는 불완전한 상태로 세상에 나왔다는 사실을 명심하자. 창조자는 그것을 만들고 다듬고 수정하고 새롭게 만들었다. 당신도 자신만의 작품을 창조할 때 똑같은 일을 할 수 있다. 일단 당신의 아이디어가 눈앞에 존재하고 있다면 말이다.

만약 처음부터 걸작을 완성하겠다는 생각으로 시작한다면, 그것은 마치 미루기의 악마가 집 안에 들어오도록 문을 활짝 열어두는 셈이다. 오로지 칭찬이나 인정을 받기 위해 무언가를 만들어내겠다는 공허한 허영심으로는 예술가의 길로 나아가는 여정에서 처음 마주치는 장애물조차 넘어설 수 없다.

반면 별로 위대하지 않아도 괜찮고, 어쩌면 끔찍하기까지 한 결과물을 만들어내도 좋다는 생각으로

27

뛰어든다면 훨씬 시작하기 쉬울 것이다.

나는 디자인과 광고 분야에서 감독으로 일했다. 우리 팀에서 좋은 아이디어를 신속하게 내놓아야 할 때, 구석에 놓인 시계 초침 소리가 엄청나게 크게 들릴 때면 나는 팀원들에게 떠올릴 수 있는 최악의 아이디어를 내놓으라고 요구한다. 그러면 분위기가 금세 바뀐다. 완벽한 아이디어를 내야 한다고 압박하는 품질 관리 필터가 사라지는 동시에 아이디어

가 흘러나오기 시작한다. 우리는 긴장을 풀고 웃고 즐긴다. 그리고 곧, 우연히 대단하게 의미 있는 아이디어를 마주하게 된다. 그러니 무언가를 시작하고자 한다면 기준을 낮추자.

다음으로 미루기의 악마를 먹여 살리는 세 번째 두려움을 살펴보자. 창조의 여정이 너무 어렵고 힘들 것이라는 두려움은 어떤가?

나무만 보고 숲은 못 본다는 표현을 알고 있을 것이다. 그러나 프로젝트를 시작할 때는 숲을 보지 못해도 상관없다. 오히려 숲을 전혀 생각하지 않는 게 더 나을 수 있다. 숲은 너무나 방대하고 어두컴컴한 미지의 공간이다. 대신에 단 한 그루의 나무를 선택하자. 가까이 다가가서 나무를 보고, 관찰하고, 거기서 시작하자.

스타인벡이 『분노의 포도』를 써 내려가는 고통을 이겨낸 유일한 방법은 매일 한 줄씩, 한 장씩 글을 쓰는 것이었다. 작품 전체를 생각하는 일은 너무나 숨이 막힌다. 그는 매일 책상에 앉아 조금씩 글을 썼다. 자신이 생각하기에 그 글이 좋든 나쁘든 간에 말이다.

미국 소설가 E. L. 닥터로는 훌륭한 말을 남겼다. "글을 쓰는 것은 밤중에 차를 운전하는 것과 같다. 우리는 헤드라이트 너머를 보지 못한다. 그렇기에 어디든 돌아다닐 수 있다." 목적지가 불확실하더라도 걱정하지 말자. 창조의 과정에서는 그것이 오히려 장점이 될 수 있다. 영국 화가 브리짓 라일리는 이렇게 말했다. "사람들은 예술가가 목표를 가지는 것이 대단히 중요하다고 생각한다. 그러나 정말로 중요한 것은 시작이다. 우리는 작업을 하는 과정에서 목적지를 만난다. 이것이 우리가 발견해낸 사실이다."

예술가나 작가로서 작품을 창조해내는 관성을 만드는 일이 바로 우리의 몫이다. 이 과정에서 우리는 두려움과 의심, 게으름이라는 방해물을 맞닥뜨리며, 이들을 극복해야 한다. 이 과정을 시작하기 위해서는 거대한 바퀴를 굴릴 때처럼 많은 힘이 필요하다. 그러나 일단 바퀴가 굴러가기 시작하면, 이 작업 자체가 당신을 전혀 예상치 못한 곳으로 데려간다는 사실을 알게 될 것이다. 어쩌면 우리가 상상했던 것보다 훨씬 더 좋은 곳으로 말이다.

정말로 운이 좋다면 당신이 창조한 캐릭터들이 알아서 이야기를 만들어가고, 어디서 흘러오는지 알지 못하는 상태에서 멜로디가 손가락을 타고 흐르며, 무감각한 상태로 마주한 캔버스 위에서 그림이 저절로 떠오르는 순간이 찾아올 것이다. 말하자면 창조적 열반의 상태에 도달한 것이다. 세상은 허물어지고 우리는 자신보다 더 큰 존재 안에서 순간적으로 사라져버린다. 이러한 느낌은 창조자로서 더할 나위 없이 좋은 경험이다(이와 관련한 이야기는 뒷장에서 다시 살펴볼 것이다). 이 경험은 고통스럽고 길게 지속되었던 자기 회의의 시간을 벌충하고도 남을 정도다. 그러나 미루기의 악마에게 굴복한다면, 그래서 그 악마가 두려움을 키우도록 내버려둔다면, 이처럼 드문 영광스러운 환희의 순간은 결코 우리를 찾아오지 않을 것이다.

자, 그럼 어떻게 해야 할까?

당신은 미루기의 악마가 당신의 어깨 위에 앉아

31

공허한 이야기로 주의를 흩뜨리길 원하는가?

아니면 반대로 그를 때려눕히고 첫걸음을 내딛거나, 그저 한 번의 붓질로 창조적 여성을 기꺼이 시작할 것인가?

\ Chapter 2 /
백지의 악마를 무찌르는 방법

좋은 노래가 어디서 탄생하는지 알았다면,
그곳에 기꺼이 더 자주 갔을 텐데.

by 레너드 코헨

예술가가 되는 것은 삶의 가장 근본적인 물음에 직   37
면하는 것과 다름없다.

나는 누구인가?
우리는 왜 여기에 있는가?
멋진 아이디어는 대체 어디로 빠져나가는가?

백지의 악마는 희생자의 노력, 야망, 기존의 성취
를 무자비하게 망가뜨리는 변덕스러운 존재다. 그를
어디서 맞닥뜨리게 될지는 예측할 수 없지만, 창조

적인 목표를 향해 달려나가고자 결심했다면 조만간 그를 만나게 될 것이다.

영국 시인 딜런 토머스는 1940년대 말과 1950년대 초에 최고의 인기를 누렸다. 미국 전역의 극장과 공연장에 수많은 관객을 끌어모았던 토머스는 어느 시인도 누리지 못했던 세계적인 명성을 얻었다. 그러나 그의 창조성은 어느 순간 멈춰 서버렸고, 6년 동안 단 시 여섯 편을 발표하는 데 그쳤다. 지금 이 글을 쓰는 동안 내 아들은 아래층에서 하퍼 리가 쓴 『앵무새 죽이기』(열린책들, 2015)를 읽고 있다. 이 작품은 1960년에 출간된 이후로 전 세계 수억 명, 아니 수십억 명이 읽었으며, 퓰리처상을 수상했다. 하지만 하퍼 리 역시 그 후 오랜 세월 동안 오직 하나의 소설을 발표하는 데 그쳤다. 게다가 그 작품마저도 자신의 대표작이 출간되기 전에 이미 쓴 것으로 알려져 있다. 반 고흐는 좀처럼 작품을 그리지 못하던 무렵 동생 테오에게 보낸 편지에 이렇게 적었다. "'넌 아무것도 그릴 수 없을 거야'라고 화가에게 말하는 텅 빈 캔버스를 바라보는 것, 이게 얼마나 사람을 무력하게 만드는지 넌 모를 거야. 그 캔버스는 바보 같은 표정으로 날 바라보지. 그리고 화가에게 최면을 걸어 그도 바보가 되도록 만들어버려.”

음악가 역시 영감의 증발로부터 괴롭힘을 당하는지 알고 싶다면, 위키피디아에서 발매 간격이 가장 긴 앨범들을 한번 살펴보자. 그리 잘 알려지지 않은 미국의 록밴드 소닉스가 ‘48년’으로 정상을 차지하고 있다. 그리 멀지 않은 곳에는 척 베리와 스투지스, 픽시즈가 높은 순위를 차지하고 있다. 이들 모두한 앨범이 나오고 다음 앨범이 나오기까지 24년이넘는 세월 동안 팬들을 기다리게 만들었다.

백지의 악마는 우리가 알고 있는 아주 유명한 창조자들조차 절망의 나락으로 또는 그 너머로 몰고 갔다. 누구도 그의 손아귀에서 완전히 벗어날 수 없다. 더더욱 골치 아픈 사실은 우리가 그와 치열하게 싸우면 싸울수록 더 깊은 절망에 빠지게 되고, 더 깊은 절망에 빠질수록 훌륭한 아이디어는 요원해진다는 것이다.

이 변덕스러운 악마가 당신의 길을 가로막거나

창조성을 메마르게 만드는 일을 막고 싶다면, 먼저 까다로운 질문에 직면해야 한다. '좋은 아이디어는 어디서 오는 걸까?'

질문에 대한 대답을 찾기 위해 당신의 두뇌 속으로 여행을 떠나보자.

지금껏 우리는 좌뇌와 우뇌 두 반구를 중심으로 인간의 두뇌를 이해하고자 했다. 좌뇌는 두뇌에서 진지하고 성숙한 영역으로 여겨졌다. 즉, 언어 능력과 더불어 비판적이고 이상적인 사고 영역으로 간

40

크리에이티브 웨이

주되었다. 반면 우뇌는 만다라를 외우고 파촐리 오일을 즐겨 쓰는 옆집 히피족처럼 추상적이고 예술적이고 직관적인 존재로 여겨졌다.

신경 과학자들의 오랜 연구와 이름도 무지막지하게 긴 기능적 자기공명영상이나 고밀도 뇌파검사처럼 두뇌 활동을 기록하기 위한 기술의 발달 덕분에 우리는 좀 더 복잡한 진실을 이해하게 되었다. 두뇌 속 약 860억 개에 달하는 뉴런은 우리가 무엇을 하느냐에 따라 아주 다양한 방식으로 두 반구의 경계를 넘나든다.

우리의 사고방식을 이해하는 좀 더 쉬운 방법은 두 가지 주요한 사고 모드를 인지하는 것이다. 바로 분석적인 사고와 즉흥적인 사고다.

분석적인 사고는 논리적이고 치밀한 방식으로 추론을 활용하며 자아가 주도적으로 움직이는 '하향식' 의식적 과정이다. 여기서 우리는 모든 경험을 특정 문제에 집중하고 일련의 단계를 따라 신중하게 고민한 다음 결론에 도달한다. 분석적인 사고는 학교에서 가장 많이 보이는 유형의 사고다. 합리적이고 도구적이며 기존 패러다임을 활용한다. 우리는 분석적인 사고를 통해 복잡한 문제에 몰두하고 오랜 시간에 걸쳐 문제를 해결한다.

즉흥적인 사고는 비선형적인 '상향식' 과정으로서, 의식적인 사고와 독립적으로 이뤄진다. 게다가 예측 불가능하며 대단히 임의적이고 신비로운 측면이 있다. 우리는 이러한 즉흥적인 사고를 통해 컴퓨터 알고리즘보다 한발 앞서 나가고, 기존의 독립적인 아이디어를 하나로 묶어 수수께끼의 해답을 찾고, 번득이는 통찰력에 도달한다. 예술 활동을 할 때 즉흥적인 사고는 마법과도 같다. 분석적인 사고가 선형적으로 이루어지는 반면, 즉흥적인 사고는 동시다발적으로 엄청나게 방대한 에너지를 발휘한다. 우리는 즉흥적인 사고를 통해 창조적인 영감을 얻고 백지의 악마를 물리칠 수 있다.

어떤 사고 모드를 취할지는 우리의 전두엽이 직면한 상황에 달렸다. 부디 다음 신경 과학적인 설명이 이해에 도움이 되길 바란다.

전두엽은 두뇌의 의사결정 중추다. 우리가 의식

을 가지고 생각할 때 전두엽은 부지런히 움직인다.   43
기존 패러다임을 기반으로 의사결정을 내린다. 여기
서는 이성이 왕이다. 전두엽은 분석적인 사고를 사
랑하고 판단에 능하다. 만약 전두엽을 사람으로 비
유한다면 채점하는 일을 무척이나 사랑하는 교사라
고 말할 수 있겠다. 우리는 훌륭한 아이디어를 판단
하기 위해 전두엽에 의뢰해야 한다. 하지만 전두엽
자체는 천재적인 순간을 만들어내지 못한다.

　문제는 백지의 악마가 모습을 드러내고 거대한
공허함이 우리를 집어삼키려고 할 때, 사람은 본능

적으로 두 배 더 집중하고 사고함으로써 자신의 전두엽을 더욱 활성화한다는 사실이다.

이는 우리가 취할 수 있는 최악의 선택이다.

우리는 이 문제를 해결하기 위해 분석적 사고를 총동원해 즉흥적인 사고의 힘을 위축시키고 만다. 의도와는 반대로 두뇌 프로세싱 파워를 제한함으로써 혁신적인 해결책의 가능성을 위축시킨다.

15세기 말로 거슬러 올라가, 레오나르도 다빈치의 〈최후의 만찬〉은 역사에서 최고의 서사적 회화 작품으로 손꼽힌다. 원근법과 손짓, 인물 묘사 등 여러 방면에서 최고의 작품인 〈최후의 만찬〉은 예수가 열두 제자에게 그들 중 한 명이 자신을 배신할 것이라고 말하는 순간을 그려내고 있다.

우리는 다빈치의 삶에 관해 저술한 기록을 통해 이 위대한 작품이 수월하게 완성되지 않았다는 사실을 잘 알고 있다. 다빈치는 매일 아침 밀라노에 있는 산타 마리아 델레 그라치에 성당 수도원으로 가서 그림을 의뢰받은 벽을 응시했다. 그러고는 종종 붓도 들지 않은 채 성당 정원의 꽃과 나무 사이를 돌아다녔다. 이러한 생활이 한동안 이어지자, 수도원장은 다빈치의 나태한 근황을 해당 프로젝트의 후원자인 밀라노 공작에게 일러바쳤다. 공작은 다빈치를 자신의 성으로 불러들여 대체 어떻게 된 일인지 물었다. 거금을 들여 유명한 화가에게 벽화를 의뢰했건만, 그 벽은 여전히 텅 빈 채로 남아 있었기 때문이다.

공작의 질문에 다빈치는 퉁명스럽게 대꾸했다. "위대한 천재는 때로 가장 게으름을 부릴 때 최고의 성취를 이뤄내는 법입니다." 공작은 잠시 침묵을 지켰다. 다빈치는 그사이를 틈타 머릿속에 한 가지 생각을 떠올렸다. 지금껏 그는 벽화에 그릴 유다의 얼굴을 두고 고민하고 있었는데, 수도원장이 최고의 모델이 되어줄 것 같았다.

다빈치는 많은 위대한 예술가와 사상가, 과학자들이 발견해낸 그 무언가를 이미 알고 있었다. 바로 우리가 영감을 모색할 때 백지로부터 한 걸음 물러서 있는 시간을 가져야만 한다는 사실이다. 영감을 의미하는 'inspiration'이라는 단어는 '호흡'이라는 뜻을 내포하고 있다. 다시 말해, 깊이 숨을 들이쉼으로써 머리를 식힌다는 의미다. 우리가 긴장하고 불안해하고 두려워할 때, 두뇌는 문제와 싸우거나 문제를 피하기 위한 핵심 기능만 남겨놓고 모든 기능을 중단해버린다.

하지만 영감을 발견하기 위한 필사적인 노력을 중단할 때 신경 시스템은 이성적 사고를 기반으로 하는 제한된 프로세싱 파워에서 즉시 벗어나, 훨씬 더 근본적이고 통찰력 있으며 강력한 무의식 신경 네트워크로 이동한다. 그래서 샤워나 설거지를 할 때 또는 막 잠에서 깨어났을 때 소위 '아하!'의 순간이 종종 일어난다. 또는 누군가의 이름이 떠오르지 않아 애쓰다가 그러한 노력을 중단하자마자 갑자기 이름이 떠오르는 이유도 같은 맥락이다.

하지만 주의할 점이 있다. 나는 백지의 악마가 나타났다고 해서 생각을 비우기 위해 넷플릭스에 몰두해도 된다고 말하는 게 아니다. 우리는 자신의 무의식이 신경 네트워크로 이동해 발견의 순간을 끌어낼 수 있도록 충분히 고요한 상태를 조성해야 한다.

아인슈타인은 어려운 수학 문제를 마주할 때면 펜을 내려놓고 바이올린을 켰다. 나는 현재 살고 있는 남부 웨일스 지역의 언덕에 올라 달리는 것을 무척 좋아한다. 많은 이에게 필요한 것은 그저 산책일지도 모른다. 『시녀 이야기』(황금가지, 2018)로 유명한 캐나다 작가 마거릿 애트우드는 이렇게 말했다. "느린 산책은 성찰로 이어지고, 성찰은 시로 이어진다." 실제 연구 결과에서도 고민으로부터 한 발자국

물러서면 백지의 악마가 더 이상 쫓아오지 않는다는 사실을 발견할 수 있다. 2014년 스탠퍼드대학교의 과학자들은 연구를 통해 우리가 앉아 있을 때보다 걸어 다닐 때 창조적 사고의 역량이 최대 60퍼센트 더 높아진다는 사실을 확인했다. 명상 역시 도움이 된다. 명상 수련은 머릿속에 흩어진 채로 둥둥 떠다니는 아이디어가 자유롭게 연결되도록 자극해 창조성에 도움을 준다.

그러나 안타깝게도 오늘날 항상 '켜져 있는' 디지털 라이프는 현대인에게 몽상이나 지루한 휴식이 선사하는 충분한 여유를 허락하지 않는다. 우리는 언제나 휴대전화를 가까이 둔다. 우리가 '좋아요'를 찾아다닐 때 두뇌는 도파민 분출로 활성화되고, 정말로 화가 나는 뉴스를 접할 때는 코르티솔의 분비로 움츠러든다. 영감을 추구한다면 가장 먼저 아이디어가 등장하기 위한 시간과 공간의 여유를 마련해야 한다.

백지의 악마를 물리치기 위해 취해야 할 또 다른 전략은 자신만의 방식으로부터 빠져나오는 일이다.

어쩌면 당연한 일이지만, 대부분 사람은 양쪽 귀 사이에 있는 회색질(중추신경계에서 신경세포가 밀집되어 있는 부분. 육안으로 관찰하면 회색으로 보인다—편집자)과 자기 자신을 아이디어의 원천이라고 생각한다. 아이디어가 떠오르지 않을 때 우리는 스스로를 비난하면서 스트레스를 받는다. 그리고 더 많은 스트레스를 받을수록 아이디어가 떠오를 가능성은 더 낮아진다.

하지만 초점을 옮겨보자. 아이디어를 '떠올리는' 것이 아니라 '받는' 것에 집중한다면?

이는 바로 고대 그리스인들이 창조성을 생각했던 방식이다. 당신이 고대 그리스의 시인이나 화가, 음악가였다면 틀림없이 아이디어가 자신의 내면이 아니라 뮤즈로부터, 즉 제우스의 아홉 딸들로부터 온다고 믿었을 것이다. 그리고 혼란스러운 마음에서 억지로 아이디어를 짜내는 것이 아니라, 뮤즈가 자신을 기꺼이 찾아오도록 이완된 상태를 유지하려고 애썼을 것이다.

오늘날 지구상에서 가장 창조적인 인물들은 창조

성이 자신의 내면을 넘어 어딘가에 이미 존재하고 있다고 믿는다. 음산하고 몽상적인 상상력으로 유명한 예술가이자 영화 제작자인 데이비드 린치에게 아이디어는 물고기와 같다. "우리는 물고기를 만들어내지 않습니다. 다만 잡을 뿐이죠. 어마어마하게 많은 아이디어가 우리에게 잡히길 기다리면서 돌아다니고 있습니다." 뛰어난 작품성으로 상을 받은 TV 드라마 《플리백》과 《킬링 이브》의 각본가 피비 월러브릿지는 한 인터뷰에서 이렇게 밝혔다. "항상 이야기가 제 주변 어딘가에서 떠돌아다니고 있다는 느낌이 듭니다. 저는 그저 순간적으로 그걸 포착해낼 뿐이죠." 전설적인 음악 프로듀서인 릭 루빈은 이런 말을 했다. "아이디어는 우리 내면에서 불쑥 솟아나지 않습니다. 우리는 다만 주의를 기울이고 엿듣고 기억하고 이해할 뿐입니다."

이러한 접근 방식은 창조적인 아이디어와 나 자신을 동일시하는 방정식에서 '나'를 효과적으로 제거한다. 그리고 신경 과학적인 측면에서 살펴봤던 것처럼 전두엽의 활성도를 낮춰 즉각적인 사고를 촉발한다.

예술가이자 프로듀서, 작곡가, 작가, 사상가인 브라이언 이노는 확실히 이 시대를 대표하는 창조적인 사람이다. 그런 그조차 가끔 백지의 악마와 충돌하며, 때로는 아이디어가 완전히 바닥난다는 사실은 우리에게 위안을 준다. 이노는 자신의 일기장에 그러한 순간을 "심연의 끝자락"이라고 묘사했다.

전혀 반갑지 않은 공허함과 마주할 때면 이노는 스튜디오 밖으로 나가 (마감이 코앞에 있을 때조차) 무언가 반 ^{反}직관적인 일을 한다. 그는 심연 속으로 자신을 내던진다. 영감을 쫓는 일을 그만두고 싸움을 포기한 채 권한을 넘겨버리는 순간, 그의 운명은 전환을 맞이한다. 그는 이렇게 썼다. "포기하는 순간 나는 갑자기 다시 한번 살아난다." 아이디어는 서서히, 언제 그랬냐는 듯 되돌아온다. 이 일은 억지로 아이디어를 따라다니는 노력을 그만뒀을 때만 가능하다.

한층 더 깊은 논의를 위해, 당신이 백지의 악마에게서 벗어나기 위한 여유를 가진다고 해보자. 휴대

전화를 끄고, 산책하고, 명상한다. 아이디어의 원천을 자신의 머릿속이 아닌 외부 어딘가로 돌린다. 전두엽의 활성화를 멈추고 즉각적인 사고를 허용한다. 자기 자신을 브라이언 이노의 표현처럼 '심연 속으로' 던진다. 그런데 이 모든 노력에도 백지의 악마가 꿈쩍도 하지 않는다면 어떻게 해야 할까?

자, 여기 악마를 무찌르기 위한 마지막 책략이 남

크리에이티브 웨이

아 있다. 바로, 완전히 다른 프로젝트를 시작하는 일이다.

지금쯤 당신이 무슨 생각을 하고 있을지 안다. 이미 해야 할 작업으로 골머리를 앓고 있는데, 왜 또 다른 창조적인 과제를 시작해야 한단 말인가? 당연한 의문이다. 지금 백지의 악마가 당신의 창조적 여정의 길을 가로막고 있는데, 또다시 다른 프로젝트를 시작한다는 게 당연히 비관적으로 느껴질 것이다. 하지만 지금 집중하고 있는 작업과 전혀 상관없는 일에 도전한다면 틀림없이 놀라운 순간을 맞이할 거라고 장담한다.

안드레 애치먼은 『콜 미 바이 유어 네임』(도서출판 잔, 2019)을 쓴 유명 작가다. 전 세계적으로 큰 성공을 거둔 이 소설은 영화로 제작되어 아카데미상을 수상했다. 그런데 애치먼이 이 작품을 집필하게 된 계기는 순전히 우연이었다. 그는 당시에 다른 소설을 마감하기 위해 애쓰고 있었다. 그 작품은 대단히 야심 가득하고 도전적이었지만 순조롭게 나아가지 못했다. 어느 날 아침, 애치먼은 식사 전에 이탈리아의 바다가 내려다보이는 어떤 집에 관한 짧은 글을 일기장에 쓰고 있었다. 그는 본 작품 집필에 들어가기 전 몸풀기로 그 글을 쓰기 시작했지만, 아침 식사를 마치고 '본 작품' 원고가 아닌 일기장을 다시 펼쳤다.

그는 다른 사람이 자신의 일기장을 들여다볼 일은 절대 없을 거라고 생각했기 때문에 의뢰받은 소설을 완성해야 한다는 압박감과 이에 따른 엄격한 자기 검열에서 해방될 수 있었다. 그는 그저 즐겁게 글을 썼다. 문장은 단락이 되고, 단락은 한 페이지가 되었으며, 그렇게 오늘날 가장 사랑받는 소설 한 편이 탄생했다.

당신이 완수해야 하는 프로젝트를 A, 새로운 일을 B라고 해보자. A 프로젝트에 따른 압박감에서 벗어나 자유롭게 즐길 수 있는 B 프로젝트를 매일 조금씩 같이 진행한다면 백지의 악마가 부리는 교묘한 술책을 피해 일을 계속해나갈 수 있다. 그리고 시간이 흐르면서 어느덧 우선순위가 뒤바뀌었다는 사실을 발견할지도 모른다.

백지의 악마가 언제 나와 내 상상력 사이를 가로막는 엄격한 국경 수비대의 모습을 하고 나타날지 우리는 알지 못한다. 다만 이 사실을 명심하자. 창조적인 사람이라면 누구나 백지의 악마로부터 자유롭지 못하다. 내가 이 책을 쓰는 동안에도 악마가 얼마나 자주 모습을 드러냈는지는 오직 신만이 알 것이다.

우리가 맞서 싸울 때, 백지의 악마는 점점 더 강력해진다. 그러므로 우리는 어쩔 수 없이 그의 존재를 인정해야 한다. 또한 언제나 그를 피해 돌아가는 길을 발견할 수 있다는 사실을 알아야 한다.

물론 그 여정은 당신이 원래 가고자 했던 길과는 살짝 다를지도 모르지만 말이다.

55

Chapter 3
의심의 악마를 무찌르는 방법

당신이 자신감으로 가득한 상태에서
무슨 일을 했을지 상상해보고, 바로 그 일을 하라.

by 무사 오콩가

나는 학교 다닐 때 글쓰기에 어려움을 겪었다. 당신 59
이 예상하는 그런 일은 아니다. 나는 꽤 부지런한 학
생이었고 어떤 일이든 잘하려고 애썼다. 문제는 언
제나 글을 쓰기 시작할 때 발생했다. 나는 먼저 몇
단어를 적은 뒤 잠시 뜸을 들이고 처음부터 다시 읽
어봤다. 그러고는 글을 시작하기 위한 더 나은 방법
이 없는지 스스로에게 물었다. 이 과정을 몇 번 반복
하다 결국 그리 나쁘지 않은, 사실 어느 정도 완벽했
던 첫 문장이 쓰인 종이를 마구잡이로 뭉쳐 던져버
렸다. 그리고 새로운 종이 위에서 다시 시작했다. 하

지만 두 번째 머리글은 종종 처음 썼던 글보다 더 난해했고, 역시 바닥으로 내팽개쳐지는 최후를 맞이하고 말았다.

　머지않아 처음 가졌던 열정은 시들해졌다. 그때까지 내가 만들어낸 것이라고는 한 무더기의 종이 쓰레기와 지나치게 심각하게 고민했지만 쓸모없어진 단어들, 내 무능함에 대한 절망뿐이었다. 참으로 행복한 시절이었다.

　의심의 악마는 치밀하고 부지런하다. 그는 날개로 몸을 감추고 당신을 면밀하게 관찰하며 일을 시작하기만을 기다린다. 마침내 당신이 펜을 들고 빈 페이지에 무언가 쓰기 위해 용기를 끌어모으는 모습을 보자마자, 의심의 악마는 당신의 어깨 위에 올라타 종이나 캔버스를 내려다보면서 신경을 거슬리게 만드는 후렴구를 읊어대기 시작한다. "그래, 그래. 시작치고는 나쁘지 않아. 그런데 정말로 훌륭하다고 말할 수 있나? 넌 분명히 이것보다 더 잘할 수 있잖아?"

　의심의 악마에게 너무 빨리 주의를 기울이면 그는

당신의 창조적 충동을 억압하고 창조적 여정 속에서 길을 잃게 할 것이다. 물론 이 여정에는 평가 과정이 마땅히 포함된다. 하지만 그 시기는 당신이 생각하는 것보다 훨씬 뒤에 와야 한다.

재능을 제대로 평가받지 못한 20세기 예술가 중에는 코리타 켄트라는 아티스트가 있다. 켄트는 일생 대부분을 로스앤젤레스에 있는 성심 수녀원에서 '메리 코리타 수녀'로 살았다. 1960년대에 수녀원을 방문했다면 아마도 사랑과 평화의 메시지를 담은 화려한 실크스크린 포스터 작업에 몰두해 있는 코리타 수녀를 볼 수 있었을 것이다. 그녀의 작품을 아직 본 적 없다면 한번 검색해보자. 그녀의 그림은 엄격한 종교 질서 속에서 살아가는 사람의 작품이라고 생각하기 힘들다. 켄트의 재능에 관한 소문은 널리 퍼져나갔다. 그녀는 또한 창조성에 관해 엄격한 잣대를 들이대지 않으면서도 영감을 주는 교사로 널리 이름을 알렸다. 그녀가 만든 수녀원 미술부의 열 가지 규율은 우리 집 복도에도 걸려 있다. 그 규율은 단순하지만 지혜롭다.

8번 규율은 다음과 같다. "무언가를 창조하는 동시에 평가하려고 하지 마라. 두 가지는 서로 다른 과정이다." 당시 켄트가 직관적으로 받아들였던 이 사실을 오늘날 신경 과학 연구가 입증한다. 우리는 이제 상상과 평가가 두뇌의 서로 다른 영역에서 이루어진다는 사실을 안다. 두 과정을 하나로 엮으려고 하면 난관에 봉착할 것이다.

2장에서 살펴본 우리의 친구이자 두뇌의 관리 중추인 전두엽이 기억나는가? 우리가 작품을 평가하고 약점을 파악한 뒤 그것을 해결할 방법을 찾아내는 데 필요한 비판적 기술을 끄집어내는 곳이 다름 아닌 전두엽이다. 과학자들은 그들이 개발한 '경두개 직류자극법'이라는 기술을 활용해(더 쉽게 설명하자면 샤워캡처럼 생긴 장비를 머리에 씌워놓고 전기 자극을 가해서) 전두엽의 '스위치를 끄고' 이를 통해 전두엽의 활동성을 억제할 때 더욱 창의력이 높아진다는 사실을 발견했다. 가령 재즈 연주자가 즉흥 연주를 할 때 그들의 전두엽은 활동성이 크게 감소된 모습을 보였다. 잠을 잘 때도 전두엽의 활동성은 떨어진다. 그래서 우리의 꿈이 그토록 다채로운 것이다. 그리고 전두엽은 청소년기에 두뇌에서 가장 마지막으로 발달하는 부분이다. 아이들의 상상력이 그토록 자유분방한 이유가 이 때문이다.

전두엽은 우리 머릿속에 자리 잡은 의심의 악마를 대리한다. 창의력을 최고로 높이고 전두엽의 힘을 억제하기 위해서는 의심의 악마와 거래해야 한다. 의심의 악마가 완전히 사라지는 일은 절대 일어나지 않을 것이다. 앞으로 살펴보겠지만, 의심의 악마는 평가 과정에서 꽤 합당한 역할을 수행한다. 그러므로 우리는 의심의 악마에게 이렇게 말해야 한다. "자, 당신이 원하는 만큼 이 작품을 신랄하게 비

판할 시간을 주겠어요. 하지만 아직은 아니에요. 그러니 지금은 제발 나가 있어주세요. 나중에 작업실로 다시 초대할 테니까."

이제야 우리는 정말로 작업을 시작할 수 있다.

의심의 악마가 스튜디오에서 쫓겨났으니(적어도 일시적으로) 당신은 마음껏 작업할 수 있다. 이제 근심을 버리고 위험 속으로 뛰어들자. 스케치하자. 마구 갈겨쓰자. 공상의 날개가 훨훨 날아가는 곳 어디든 쫓아가자. i에 점을 찍을 필요도, t에 가로로 선을 그을 필요도 없다. 지저분해도 좋다. 재빨리 원고를 작성할 수 있는 도구를 활용하자. 당신이 디자이너라면 값비싼 디자인 소프트웨어는 모두 잊어버리고 연필을 집어 들자. 작가라면 쓴 글을 다시 읽지 말고 그냥 써나가자. 최대한 많이, 다양한 가능성을 창조하고, 이미 충분하다는 생각이 들 때조차 좀 더 나아가자. 발명왕 토머스 에디슨은 이런 말을 남겼다. "모든 가능성을 다 써버렸을 때, 한 가지만 기억하라. 아직 끝나지 않았다."

초반에 술술 흘러나오는 아이디어는 가장 기본적

인 아이디어다. 그러니 우리가 발견할 수 있는 가장 기괴한 아이디어를 찾기 위해 너른 초원으로 계속 사냥을 떠나자.

책을 읽을 때처럼 하루 중 전두엽이 덜 활성화되는 시점, 다시 말해 일부러 약간 졸린 시간대를 선택해 작업할 수도 있다. 당신이 아침형 인간이라면 밤늦게 일하는 것에 도전해보자. 반대로 오후나 저녁에 정신이 맑은 편이라면 아침 일찍 일을 시작해보라. 한 연구 결과는 직관에 반하는 접근 방식을 통해 특이하고 흥미로운 아이디어를 더 많이 얻어낼 수 있다는 사실을 보여준다.

일하는 도중에 자기 자신을 잃어버리기 시작한다면 용감한 여정의 첫 번째 단계가 잘 진척되고 있다는 뜻이다. 이와 관련해 심리학자 미하이 칙센트미하이는 '플로우flow'라는 용어를 만들었다. 플로우란 우리가 어떤 과제에 완전히 몰두할 때 진입하게 되는 심리적 상태를 말한다. 플로우의 순간에는 시간이 멈추고 세상이 사라진다. 마치 자신이 존재하지 않는 것처럼 단어들이 페이지 위로 쏟아진다. 형상이 캔버스 위에 저절로 모습을 드러낸다. 멜로디가 마구 샘솟는다. 당신은 그저 당신이란 존재보다 더 위대한 창조적 힘이 분출되는 통로일 뿐이다. 신경 과학자 올리버 색스는 『의식의 강』(알마, 2018)에서 이러한 경험을 이렇게 묘사했다. "글을 쓰고 있을 때 내 생각은 즉흥적인 흐름으로 모습을 갖춰나가면서 적절한 단어로 치장을 한다. 나 자신의 정체성과 신경계의 많은 부분을 그대로 통과하거나 넘어설 수 있다는 느낌이 든다. 그 순간은 그냥 내가 아니라, 나의 가장 내밀한 부분이자 아마도 최고의 부분일 것이다."

연구 결과에 따르면, 의심의 악마가 스튜디오에서 쫓겨난 뒤에야 도달할 수 있는 창조적 플로우의 눈부신 순간에 우리 두뇌는 쾌락을 관장하는 다양한 화학물질을 동시에 분비한다. 바로 노르에피네프린, 도파민, 엔도르핀, 세로토닌, 아난다마이드, 옥시토신이라는 신경전달물질이다. 이 덕분에 창의력을 발휘하는 일, 두려워하지 않고 그냥 하는 작업이 그토록 기분 좋게 느껴진다(이 주제에 관해서는 8장에서 더 자세히 살펴보도록 하자).

　머지않아 당신은 첫 번째 원고나 첫 번째 스케치를 마무리할 것이다. 어딘가 부족하고 독창적이지 않고 장황하고 실수투성이처럼 보이겠지만 적어도 당신의 아이디어가 구체적인 형태로 실현되었다. 이제 의심의 악마가 들어올 시간이다. 그는 아마도 담배를 물고 문 바깥을 어슬렁거리면서 다시 들어올 기회를 애타게 기다리고 있을 것이다. 하지만 의심의 악마가 들어와 사소한 트집을 잡고 온갖 비난을 하면서 당신의 작품을 공격하도록 내버려둔다면, 당신이 창조한 위태로운 작품에 대한 아주 조그마한

67

Chapter 3 | 의심의 악마를 무찌르는 방법

신뢰마저도 완전히 사라져버리고 말 것이다. 그러므로 당신이 정한 조건에서만 그를 받아들이고, 단 세 가지 질문만 허락하라.

작품에서 진정성이 느껴지는가?

사람들이 내 작품을 보고 나를 어떻게 생각할지 신경 쓰지 않고 최대한 정직하게 작품을 만들었는가? 자신의 내면과 최대한 가까운 목소리로 이야기를 나누었는가? 독창적이고 고유한 방식으로 자신의 진정성을 드러냈는가? 우리가 정말로 고유한 존재가 될 수 있는지 따지는 것은 의미 없는 논쟁이다. 하지만 예전에 누군가 내게 위대한 작품이란 "놀라운 방식으로 단순한 진실을 드러내고 있는 작품"이라고 했다. 그리고 나는 그것이야말로 우리가 추구해야 할 최고의 목표라고 생각한다.

작품은 스스로 선택한 장르에서 최고의 수준에 도달했는가?

우리가 그림과 교류하는 방식은 소설이나 앨범, 연극과 교류하는 방식과는 분명하게 다르다. 각각의 장르는 예술가가 그 장르를 통해서만 할 수 있는 일을 허용하며, 혁신적인 작품은 그 가능성을 최대한 활용한다.

예전에 나는 전설적인 밴드 그룹 비틀스의 프로듀서인 조지 마틴이 1967년에 발표한 〈서전트 페퍼스 론리 하츠 클럽 밴드Sgt Pepper's Lonely Hearts Club Band〉 앨범에 관한 이야기를 들은 적이 있다. 비틀스가 애비 로드에 입성하기까지, 일반적으로 스튜디오에서 할 일이란 라이브 공연에서 최고의 버전을 뽑아내는 것이었다. 그러나 마틴의 설명에 따르면, 그들은 무한에 가까운 녹음 예산과 마감 시간으로 사치를 부리면서 스튜디오 전체를 하나의 도구로 사용했다. 다시 말해, 음향과 관련된 모든 기술(오버더빙, 배리스 피드, 오토매틱 더블트래킹)을 활용했다. 오직 그들에게만 허용된 환경이었다. 그러했기에 해당 앨범은 모든 비틀스 앨범 중에서도 가장 영향력 있는 앨범으로 남을 수 있었다.

69

작품의 모든 요소가 들인 시간만큼 가치를 가지는가?

우리는 창조적 과정을 종종 덧셈의 과정이라고 생각한다. 존재하지 않았던 것을 만들어낸다고 믿는다. 인물과 스토리를 창조하고 색상과 빛을 추가하고 형태를 빚는다. 그러나 창조적 과정은 뺄셈의 과정이기도 하다. 독자에게 읽히는 문장 속 모든 단어는 명확해야 하고 충분한 영향력을 갖춰야 한다. 그림 안에서 모든 선은 전체적인 분위기나 의미와 조화를 이루어야 한다. 디테일한 작업을 위해 무언가를 추가했는데 오히려 의미가 흐려진다면 당연히 삭제해야 한다. 스페인의 영화감독 루이스 부뉴엘은 이렇게 말했다. "모든 사물은 다른 사물을 감춘다."

1945년 파블로 피카소는 열한 점의 석판화 시리즈를 제작했다. 열한 점의 작품은 모두 황소를 묘사하고 있는데, 각각의 작품은 이전 작품에서 진화한 모습을 보여준다. 황소 시리즈는 20세기의 위대한 화가가 위대한 작품을 완성하는 과정을 들여다보게 해주는 창문과 같다.

첫 번째 황소는 실제 황소를 빼닮았다. 하지만 거기에는 특별한 뭔가가 없다. 즉, 수많은 다른 작품 속의 황소와 피카소의 황소를 구별해주는 특징이 없다. 그래서 피카소는 다시 그렸다. 이번에는 덜 모방하고, 더 신비롭게. 그렇게 반복하는 동안에 피카소는 예술가에서 도살업자로 변모해가면서 해부학까지 활용했다. 이 시리즈의 끝을 향해 달려가면서 피카소는 음영을 제거하고 가장 근간이 되는 선 하나만 남겨두고 다른 선을 모두 없애버렸다. 그리고 마지막 열한 번째 작품에서 피카소는 최대한 단순한 이미지, 즉 황소의 절대적 핵심을 보여줬다. 그 작품은 최대한 간결하게 표현된 이미지였다. 이는 분명히 피카소의 황소다.

피카소가 더욱 가차 없이 디테일한 요소를 지워나갈수록 황소는 더 고유하고 특별한 존재가 되었다. 실제로 우리가 스스로 부정할 수 없는 자기 내면의 목소리를 처음 듣게 되는 순간은 작곡이 아닌 편집을 할 때다.

이 책에 등장하는 다른 악마들과 마찬가지로 의

심의 악마 역시 최고의 작품을 창조하는 데 도움을 준다. 다행스러운 소식이다. 의심의 악마가 우리 곁을 완전히 떠나는 일은 절대 없기 때문이다. 의심의 악마가 언제 작업실에 들어오도록 허락할지, 들어오지 못하도록 막을지는 바로 당신에게 달렸다.

\ Chapter 4 /

관습의 악마를 무찌르는 방법

초심자의 마음속에는 수많은 가능성이 존재하지만,
전문가의 마음속에는 거의 없다.

by 스즈키 순류

개는 어떻게 짖을까?　　　　　　　　　　　　77

　나처럼 영어가 모국어인 사람이라면 아마도 '우
프-우프'라고 말할 것이다. 그러나 알바니아인이라
면 '햄-햄'이라고 말하고, 발리섬 사람이라면 '콩-
콩', 그리스인이라면 '가브-가브'라고 할 것이다. 태
국인이라면 '홍-홍', 웨일즈인이라면 '웁-웁'이라고
할 것이다. 이처럼 개가 짖는 소리를 묘사하는 말은
세상에 존재하는 언어만큼이나 다양하다.

　정답은 없다.

　어쩌면 정말로 '가브-가브'나 '홍-홍'이라고 짖는

이상한 개를 만날 수도 있다. 대부분 개는 다양한 외양만큼이나 서로 다른 소리를 내며 짖는다. 우리는 모국어의 특징에 따라 어려서부터 개가 그렇게 짖는다고 배웠기 때문에 그대로 들을 뿐이다. 우리는 개 짖는 소리를 더 이상 있는 그대로 듣지 못한다.

이는 단지 개가 짖는 소리에만 해당하지 않는다. 우리는 살아갈수록 더 많은 것을 인식하고 받아들인다. 내부 지식 체계는 더욱 엄격해지며 사물을 있는 그대로 바라보기 힘들어진다. 우리는 관습의 악마가 꾸며내는 계략에 더욱 취약해진다. 관습의 악마는 우리가 새로운 길을 과감하게 시도하기보다 익숙한 길로 쭉 걷는 편을 언제나 더 선호한다.

관습의 악마는 다른 어느 악마들보다 더 자주, '좋음'에서 '위대함'으로 가는 길목을 가로막고 서 있다. 그러나 당신은 자신의 곁을 어슬렁거리는 관습의 악마와 함께 충분히 창조적 경험을 쌓아나갈 수 있다. 어느 분야든 그럭저럭 괜찮은 무언가를 만들고 있다면 이미 잘하고 있는 셈이다. 하지만 당신이 그저 괜찮은 것에 만족했다면, 즉 '딱 적당함'의 영토에서 살아가는 삶에 만족했다면 아마도 이 책을 집어 들지 않았을 것이다.

우리 모두 양쪽 귀 사이에 지구상에서 가장 복잡한 생물학적 기관을 가지고 있다. 그리고 그 기관 속 뉴런은 은하수의 별들만큼이나 많다. 두뇌는 무한한 창조성을 실현할 잠재력을 지닌 기관이다. 그런데 우리는 왜 관습의 악마가 슬금슬금 다가와 그가 들고 있던 안대를 건넬 때, 그 물건을 덥석 잡아버리는 것일까?

두 가지 이유가 있다. 하나는 신경학적인 이유고 다른 하나는 사회적 이유다.

79

새로운 경험과 마주하는 첫 순간에 우리는 모든 감각을 깨우고 모든 측면에 세세하게 신경 쓴다. 그러나 머지않아 새로움의 충격은 가시고 익숙함에 무뎌진다. 물론 익숙한 느낌은 일상생활에 도움이 된다. 만일 우리가 깨어 있는 내내 모든 일을 처음 경험하듯 세상을 살아간다면 어떠한 일도 쉽게 해낼 수 없을 것이다. 가령 매일 아침 커피를 내릴 때마다 포트에서 뿜어져 나오는 증기를 놀란 눈으로 바라본다면 어떻게 되겠는가?

　　그래서 우리의 두뇌 운영 시스템은 계속 새로고 침 버튼을 누르면서 의식적인 사고는 거의 차단하고 가장 자주 하는 행동을 자동으로 시작하는 프로그램을 만든다. 우리가 행동하는 방식은 신경적인 차원에 각인된다. 이러한 뇌의 표준 설정은 일종의 자동항법장치다. 이는 최소한의 에너지로 일상에서 원활하게 기능하도록 만들어주는 최고의 장치다. 하지만 가끔 튀어나오는 고유하고 독특한 아이디어를 마주할 때면 우리를 종종 당황하게 만들기도 한다.

　'양초 문제'라고 알려진 인지 능력 테스트가 있다.

이 실험은 원래 20세기 중반에 칼 던커라는 심리학자가 개발한 것으로, 이후에 많은 학자들이 활용했다. 테스트 내용은 이렇다. 참가자에게 양초와 성냥갑, 압정이 든 상자를 제공한다. 그리고 양초를 벽에 붙여 촛농을 바닥에 흘리지 않고 불을 피우는 방법을 알아내도록 한다. 연구 결과, 참가자의 4분의 3은 문제를 풀지 못했다. 그들은 양초를 벽에 고정시키려고 애쓰거나 촛농을 접착제로 사용하고자 했다. 그러나 그런 방법은 효과가 없었다.

문제의 정답은 압정이 든 상자를 비우고 압정을 사용해 상자를 벽에 고정시키는 것이다. 상자를 선반으로 활용하고 양초를 그 위에 올려 불을 붙이면 문제를 풀 수 있다. 그러나 대부분은 압정 상자의 잠재성을 간과하고 선반으로 사용할 생각을 하지 못했다. 그래서 문제를 해결할 수 없었다. 2018년 레너드 믈로디노프는 자신의 책 『유연한 사고의 힘』(까치, 2018)에서 사물의 원래 용도에 익숙하지 않은 아마존 부족 사람들에게 이 실험을 했을 때, 이 문제를 해결할 확률이 높았다고 언급했다.

81

양초 문제는 우리가 얼마나 고정관념에 쉽게 사로잡히는지, 지속적으로 상상력을 가로막는 관습을 깨부수기가 얼마나 힘든지를 잘 보여준다. 더욱 안타까운 현실은 사고가 고착화될수록 사실을 인식하기가 더욱 힘들어진다는 점이다.

관습의 악마가 우리를 그토록 쉽게 발견하고 괴롭힐 수 있는 두 번째 이유는 우리가 사회적 동물이기 때문이다. 사회적 동물은 무리의 나머지가 하는 대로 행동하려는 경향이 뚜렷하다. 우리는 수치스러운 상황이나 당황스러운 감정을 본능적으로 배척한다.

1998년 여름, 잉글랜드 북쪽에 위치한 리즈대학교 예술학과 학생들 열세 명이 졸업 전시회를 준비하고 있었다. 그들은 모두 대학교 생활의 마지막을 장식하는 이번 예술 활동을 위해 장학금을 지원받았다. 학생들은 그 돈으로 재료와 액자, 카탈로그를 비롯해 전시회의 전통으로 자리 잡은 저렴한 화이트와인 비용을 충당할 수 있었다. 그런데 전시회가 열리기 일주일 전, 학생들의 지도 교수인 테리 앳킨슨은 엽서 한 장을 받고 소스라치게 놀랐다. 엽서에는 이렇게 적혀 있었다. "죄송합니다. 화요일 회의에 참석하기 힘들 것 같습니다. 부디 저희가 열심히 작업하고 있다는 점을 알아주십시오. 전시회 개막일 저녁에 뵙겠습니다. 감사합니다. 3학년 일동." 햇살 가득한 스페인의 도시, 말라가에서 발송된 엽서였다.

전시회가 열리는 날 저녁, 앳킨스 교수의 불안한 예감은 적중했다. 전시장은 상그리아를 담은 유리병과 플라멩코 음악이 흘러나오는 오디오를 제외하고 텅 비어 있었다. 학생들의 부모와 친구, 지도 교수가 학생들을 찾아 버스를 타고 공항에 도착했을 때, 그들은 검게 그을린 피부에 활기 넘쳐 보이는 3학년 학생들이 우르르 걸어 나오는 모습을 보고 충격을 받았다. 학생들은 졸업 전시회 명목으로 받은 장학금을 모두 탕진한 뒤였다.

엄밀히 말해 이들은 불법적인 일을 하나도 저지르지 않았다. 그들은 휴가 자체가 하나의 예술 작품이라고 주장했다. 하지만 그들의 이야기는 영국 전역을 분노로 펄펄 끓게 만들었다. '리즈 13인'에 대한 거센 비난이 몰아쳤고 학생들은 종적을 감췄다.

'사기꾼 예술가들의 스페인 휴가'는 그저 수많은 헤드라인 중 하나에 불과했다.

그런데 며칠 후 기막힌 반전이 일어났다. 무엇이 예술이고 무엇이 예술이 아닌지에 대해 전국적으로 논란을 불러일으킨 리즈 13인이 이 이야기가 모두 거짓말이라고 밝힌 것이다. 지도 교수에게 보낸 엽서에 찍힌 스페인 소인은 그들이 직접 그린 것이었으며, 언론을 통해 널리 퍼진 일광욕 사진은 영국 요크셔 해변에서 찍은 것이었다. 검게 그을린 피부도 선베드를 빌려 일부러 만들어낸 것이었다. 그들은 장학금을 단 한 푼도 쓰지 않았다.

기존 '예술 작품'에 대한 관습에 도전한 그들의 시도는 우리 사회가 얼마나 관습에 집착하는지를 그리고 관습이 위협받을 때 얼마나 필사적으로 저항하는지를 잘 보여줬다.

쉬운 길을 선택하고 항상 하던 대로만 하려는 두뇌로 관습을 어기는 자를 범죄자로 간주하는 사회에서 살아가는 이중고를 감안한다면, 관습의 악마가 채워놓은 족쇄에서 우리는 대체 어떻게 벗어날 수 있을까?

첫 번째 단계는 우리가 전통적인 문제 해결 방법을 고수한다는 사실을 인식하는 것이다. 창의력에 관한 한, 우리는 중독되기 쉬운 해결책을 추구하는 성향이 있다. 2021년 『네이처』에 발표된 한 연구 논문은 바로 이 현상을 다루고 있다. 사람들은 어떤 문제에 직면했을 때 기존에 있는 요소를 빼기보다 새로운 요소를 추가하는 방식으로 문제를 해결하려 한다. 전자의 방식이 더 빠르고 간단하고 효과적일 때조차 말이다. 어떤 실험에서 피실험자 91명에게 색칠된 상자를 추가하거나 제거하는 방식으로 대칭적인 패턴을 만들라고 지시했다. 상자를 제거하는 방법을 선택한 사람은 18명에 불과했다. 무언가를 빼기보다 새롭게 추가하려는 인간의 성향은 어설프고 지나치게 복잡한 아이디어를 만들어낸다. 당신이 유년기에 자전거 타는 법을 배울 때, 아마도 부모님이 자전거에 보조 바퀴를 달아줬을 것이다. 예전에는 그게 일반적인 방식이었다. 이 방법은 당장 자전거를 타기에는 좋지만, 보조 바퀴를 제거했을 때에

85

는 아무런 도움이 되지 못한다. 반면 요즘 아이들은 밸런스 자전거(페달을 제거한 자전거)를 활용해 자연스럽게 자전거 타는 법을 배우고 있다.

이미 나 있는 길을 따라가려는 순한 양들과 비슷한 우리의 성향은 교육으로 더욱 강화된다. 우리는 학교에서 사실과 공식을 배운다. 그리고 비록 똑같은 결과에 이른다고 해도 무언가를 하는 올바른 방식과 잘못된 방식이 있다고 배운다. 아이들은 다양한 활동을 하면서 기존의 양식을 따르라고 격려받는다. 이는 나이가 들어가면서 창의력 테스트에서 점수가 하락하는 이유를 설명해준다. 위대한 혁신가 중에 독학자가 많다는 사실은 절대 우연이 아니다. 그럴 일은 없겠지만, 실리콘밸리에서 러시모어산의 조각 기념물을 만든다면 스티브 잡스와 빌 게이츠, 마크 저커버그의 얼굴이 새겨질 것이다. 이들이 모두 대학 중퇴자라는 사실을 아는가?

무언가를 추가하려는 성향에서 벗어나는 능력은 혁신적인 작품을 만들 때뿐만 아니라 진화적인 차원에서도 필요하다. 동물들이 중독을 추구하는 이유에 관한 흥미로운 이론이 있다. 발효된 과일에 취한 코끼리와 새, 마리화나에 취한 고양이를 비롯해 양귀비를 씹어 먹는 왈라비, 마리화나 씨앗을 먹는 새 그리고 겁에 질린 복어가 방출하는 물질 때문에 기분이 고조되는 돌고래에 이르기까지 다양한 사례가 보고된다. 그 이론에 따르면, 동물은 종종 행동의 틀에 갇히고 그러한 순간에 주변 환경이 변하면 취약한 상태가 되어버린다. 그런데 여기서 마약을 흡입하는 행위는 동물들이 '틀에서 벗어나도록' 만들어준다. 즉, 기존 행동의 경계를 넘어서고 종 전체의 진화에 이익이 될 발견을 하도록 만들어준다. 말하자면 새로운 먹잇감이나 짝짓기 장소를 쉽게 발견하도록 돕는다.

87

이와 비슷한 맥락으로 오늘날 IT 분야 경영자들 사이에서 창의력을 개선하고자 환각 물질을 미량 복용하는 게 유행하고 있다. 엉뚱한 아이디어를 촉진하는 신경 경로를 활성화하기 위해 충분한 LSD(강력한 환각제 마약-편집자)나 실로시빈(일부 버섯에서 추출 가능한 천연 화합물. 환각 효과를 가지고 있다-편집자)을 섭취하는 것이다.

물론 적은 양이라도 약물 복용은 위험할 수 있다. 게다가 이는 전 세계 대부분 국가에서 불법적인 행위다. 그렇다면 우리가 이러한 약물 없이도 관습의 악마의 족쇄에서 벗어나기 위해 선택할 수 있는 전략은 무엇일까?

한 가지 방법은 '반대 사고'다. 대부분의 창조적 작품은 특정 장르에 필수적이라고 여겨지는 일련의 원칙을 기반으로 만들어진다. 예를 들어 예술 작품은 예술가의 손에 의해 탄생한다. 소설은 언어의 문법 규칙을 준수한다. 음악은 의도적으로 만들어낸 일련의 소리다. 여기서 반대 사고를 하려면 먼저 관습을 인지하고, 그 관습에 반대되는 일을 할 때 무슨 일이 벌어지는지 확인하는 작업이 필요하다.

모든 패러다임의 변화는 반대 사고가 선행될 때 일어난다. 마르셀 뒤샹은 작업실에서 만든 작품이 아닌 공장에서 생산한, 'R. Mutt' 서명이 들어간 소변기로 개념 예술의 시대를 열었다. 그리고 몇 년이 흐른 뒤 1922년 제임스 조이스는 인류가 생각할 수 있는 모든 언어적 규칙을 보여주는 『율리시스』를 통해 기존 문학 전통에 수류탄을 던졌다. 1952년 작곡가 존 케이지는 사람들의 생각을 완전히 뒤집고 음악에 한계가 없음을 보여줬다. 그는 오케스트라에 4분 33초 동안 연주를 하지 말라고 지시함으로써 혁신을 성취해냈다.

브라이언 이노는 일기장에 아티스트이자 자신의 친구인 피터 슈미트가 했던 '하지 않는 것에 대해 아무도 생각해본 적이 없는 것을 하지 않는 것'에 관한 이야기를 썼다. 일단 이 수수께끼 같은 과제를 진지하게 고민하기 시작했다면 대단히 훌륭한 출발점에 선 것이다. 우리는 이 원칙을 자신의 특정한 행동에 적용해볼 수 있다. 일을 할 때 자신이나 다른 사람이

항상 하는 행동은 무엇인가? 그리고 당신이 그 행동을 하지 않는다면 과연 무슨 일이 벌어질까?

관습의 악마는 무엇보다 루틴을 사랑한다. 그는 익숙한 것을 가장 편안해한다. 영국의 방송인 매슈 사이드는 『다이버시티 파워』(위즈덤하우스, 2022)에서 경제학자 피터 밴더의 실험을 소개했다. 실험에서 밴더는 학생 그룹에게 학기 전후로 비즈니스 아이디어를 내놓도록 지시했다. 그들 중 절반은 학기 중간에 해외로 나갔고, 다른 절반은 그대로 머물러 있었다. 그 결과, 전자 그룹의 학생들이 내놓은 아이디어는 후자 동료들의 아이디어보다 17퍼센트 더 높은 점수를 받았다. 게다가 그대로 머무른 학생들이 내놓은 아이디어는 실제로 학기가 지나면서 질적으로 퇴보하는 모습을 보였다.

또 다른 실험에서 연구원들은 학생들을 대상으로 창의적 단어 연상 테스트를 실시했다. 테스트를 하기 전, 다시 두 그룹으로 나누어 한쪽에는 해외에서 살아가는 삶이 어떠할지 상상해보도록 했다. 그리고 다른 그룹에게는 고향에서의 삶에 대해 생각해보도록 했다. 그 결과, 첫 번째 그룹이 내놓은 대답이 두 번째 그룹에 비해 75퍼센트나 더 창의력이 높은 것으로 드러났다.

물론 국경을 넘는 여행이 독창적인 아이디어에 도달하는 유일한 길은 아니다. 장르를 넘나드는 작업 역시 마찬가지의 효과를 낳는다. 우리는 스스로를 기존 분야가 아닌 새로운 분야에 노출해 예측하기 힘든 풍성한 교류를 만들어낼 수 있다.

특정 분야에서 오랫동안 정상을 차지한 예술가나 창조자 들의 경력을 살펴보면, 그들 모두 관습의 악마를 내쫓는 자신만의 방법을 갖고 있었다는 사실을 발견할 수 있다.

음악가이자 배우인 데이비드 보위의 방법은 안주하지 않는 삶이었다. "자신이 일하는 분야에서 안전하다고 느낀다면 그것은 자신이 올바른 곳에 있지 않다는 의미입니다. 우리는 언제나 물속으로 더 깊이 들어가야 합니다. 그리고 마침내 발이 바닥에 닿지 않는다면 흥미진진한 일을 벌이기 적당한 곳에 도착한 겁니다." 미국의 예술가 척 클로스의 방법은 문제를 해결하는 것이 아닌 문제를 만드는 것이었다. "대단히 흥미로운 문제를 스스로에게 던지고 자신만의 해결책을 발견하려고 시도한다면, 조만간 당신은 당신의 고독함 덕분에 스스로를 발견할 기회를 얻게 될 겁니다."

최근 크리에이티브 커뮤니티에서는 인공지능의 등장으로 예술 분야도 컴퓨터가 인간을 대체할 거라는 무시무시한 전망을 놓고 활발한 논의가 이루어지고 있다. 이야기를 만들어내고 음악을 작곡하고 초상화를 그리고 로고를 디자인하고 시나리오를 쓰는 프로그램은 이미 개발되었다. 만약 당신이 생계를 창의력에 전적으로 의존하려고 한다면 이는 틀림없이 끔찍한 전망이다. 하지만 현실이 꼭 그렇지만은 않다. 컴퓨터 프로그램은 수천 가지 사례를 저장하고 패턴을 확인한다. 그리고 이러한 패턴이나 알고리즘을 활용해 그들만의 새로운 형태를 창조한다. 하지만 이러한 유형의 '창조성'은 파생물에 불과하다. 컴퓨터는 예전에 존재했던 것을 모방할 뿐이다. 결코 혁신을 만들어내지는 못한다. 컴퓨터는 그

들이 하는 모든 활동에서 관습의 악마에 사로잡혀
있다.

그러나 당신은 그렇지 않다.

\ Chapter 5 /
제약의 악마를 무찌르는 방법

모든 벽은 문이다.

by 랄프 왈도 에머슨

이 책을 쓰는 동안… 아니, 사실을 말하자면, 적어도   97
쓰기 위해 노력하는 동안 전염병이 한창이었다. 불
안은 마치 눈에 보이지 않는 정전기처럼 공기 속을
떠돌고 있었다. 집 밖을 나서지 못하고 디지털 세계
에서 길을 잃어버린 내 아이들은 지속적인 관심이
필요했다. 게다가 내가 집 안 계단 옆에 놓인 책상에
서 자리를 뜰 때면 앙심을 품고 있던 고양이가 기쁘
게 책상 위로 뛰어올라와 종이들을 찢어발기곤 했
다. 내가 책상에 앉아 마주 보는 벽에는 중요한 주제
가 쓰인 희망에 찬 노란 포스트잇 메모지가 가득했

지만, 거기에 적힌 단어들은 그럴듯한 문장으로 모습을 드러내기를 단호히 거부하고 있었다.

그래서 나는 공상에 빠졌다.

높은 산속에 위치한 나만의 은신처를 꿈꿨다. 그곳에서 나는 비장한 고독 속에 홀로 앉아 있다. 스칸디나비아풍의 빈티지 책상 맞은편에는 통유리 창이나 있고, 나는 그 창으로 심오한 영감이 가득한 바깥 풍경을 내다본다. 결실 있고 충만했던 오전 일을 마무리하고 프랑스풍의 창문을 열어 발코니로 나서면, 나는 깊은 생각에 잠긴다. 고양이는 없다. 아이들도 없다. 나의 유일한 동반자는 나를 창조적 여정으로 인도하는 현명한 스님뿐이다. 게다가 그는 마티니를 만드는 데에도 탁월하다.

나의 이런 공상이 현실로 이뤄졌더라면 이 책은 더 나아졌을까? 아니면 적어도 더 쉽게 쓸 수 있었을까? 단정 짓기는 힘들다. 창조에 있어 방해물이 주는 차이를 들여다본 한 연구 결과는 산속에서 자유롭게 하는 작업이 비록 '더' 힘들지는 않더라도, 그 또한 마찬가지로 힘들다는 사실을 말해준다.

　제약의 악마는 우리가 목표에 도달하기 위해 뛰어넘거나 우회하거나 뚫고 나가야 할 장애물을 거의 매 순간 만들어낸다. 아마도 그는 우리의 짓궂고 사악한 악마들 중에서도 가장 특이하고 독창적일 것이다. 그러나 동시에 그는 가장 도움이 되는 존재이기도 하다(바로 이 점이 특별하다). 우리가 스스로 아무런 제약 없이 일할 때, 열린 신념과 마음, 시간과 돈, 간절히 원하는 모든 것을 확보하는 대단히 드문 순간에 오히려 무한한 가능성은 빛을 잃어버리기도 한다. 그런 상황에서도 작품을 만들 수 있다면, 그 작품은 우리가 이전부터 만들던 것과 다르지 않을 것이다. 다르게 생각하거나 행동해야 한다고 재촉하

99

는 것이 없기 때문이다. 그래서 보통 사람들은 기존 방식을 따른다. 한편, 제약의 악마가 너무나 열정적인 데다가 우리의 창조적 여정에 무척이나 많은 장애물을 만들어 놓는다면, 우리는 완벽하게 좌절해버리고 말 것이다.

이 악마와 함께 춤을 취야 할 때 어떻게 해야 그가 우리의 발을 밟지 않도록 할 수 있을까?

우선 모든 창조적인 여정에서 만나게 될 두 가지 유형의 제약이 존재한다는 사실을 이해해야 한다. 우리 상상의 제약과 실제로 존재하는 제약 두 가지 모두 말이다. 앞서 살펴봤듯이 영감을 얻기 힘든 순간에도 우리는 믿지 못할 만큼 창조적일 수 있다. 우리는 작품 활동을 계속하지 못하도록 방해하는 모든 장애물을 떠올려보곤 한다. 이 가상의 정신적 맷돌에서 스스로를 빠져나오게 만드는 방법은 다른 악마들을 통해 살펴보고 있으니 열심히 읽어보시라. 이 장에서는 현실에 실제로 존재하는 제약을 살펴보겠다. 이는 다른 접근 방식을 요구한다.

제약의 악마가 우리의 여정에 던져놓은 장애물이

아무리 거대하더라도, 돌아갈 길은 반드시 존재하며 우리가 그 길을 발견할 수 있다는 사실을 잘 보여주는 두 가지 이야기를 해주겠다.

크리스 윌슨은 영국에서 태어났지만 대부분의 세월을 미국에서 보낸 아티스트다. 어린 시절 제대로 형성되지 못한 관계와 학대 때문에 헤로인과 코카인에 손을 댔고, 교도소까지 가게 되었다. 하지만 그는 교도소에서 지내는 동안 마약을 완전히 끊었다. 마침내 자신을 그토록 오랫동안 붙잡아두었던 마약의 안개에서 벗어나면서, 윌슨은 자신을 시각적으로 드러내고픈 욕망, 즉 그림을 그리고 싶은 억누를 수 없는 충동을 느꼈다.

안타깝게도 샌 퀜틴 주립 교도소는 예술 수업을 그리 달가워하지 않아서 윌슨은 재료를 구하는 데 종종 애를 먹었다. 그나마 종이는 구하기 쉬웠지만 물감과 붓은 그렇지 못했다. 그러나 윌슨은 사회 주변부에서 마약쟁이로 살면서 터득한 즉흥적인 수완을 발휘해 그 난관을 에둘러 돌아가는 길을 발견했다. 그는 스키틀즈(과일향이 나는 미국의 젤리 제품—편

집자)로 그림을 그렸다. 같은 색깔의 스키틀즈 네다
섯 알을 으깨서 물, 치약과 함께 섞으면 그럭저럭 쓸
만한 물감이 되었다. 그리고 수저통에서 가져온 플
라스틱 칼에 열을 가한 뒤 머리카락 한 움큼을 넣어
서 접으면 붓을 만들 수 있었다. 그렇게 크리스 윌슨
은 오래지 않아 '프리즌 다빈치'(그를 다룬 동명의 영화
도 나와 있다)라는 별명으로 잘 알려지게 되었다. 현
재 윌슨은 다시 영국으로 돌아와 예술가로 살아가
고 있다.

102

대단히 인상적이고 많은 영감을 던져주는 길헴 갈라트에 관한 이야기도 있다. 프랑스 힙합 팬들에게 '폰'이라는 애칭으로 잘 알려진 갈라트는 1990년대에 프랑스에서 가장 많이 팔린 랩 음반들을 제작한 프로듀서다. 그러나 2015년 원인 모를 병을 앓은 뒤 ALS로 알려진 루게릭병을 진단받았다. 이는 일종의 운동신경 질환이다.

갈라트에게는 받아들이기 힘든 절망적인 소식이었다. ALS는 치료가 불가능한 데다 점점 악화되는 질환이었다. 환자는 신체적인 능력을 서서히 잃어버리다가 결국에는 전혀 움직이거나 말을 할 수 없게 된다. 어떤 이들은 질병의 위압감을 견디지 못하고 삶을 포기하기도 한다. 하지만 갈라트는 달랐다. 비록 완전한 마비 상태에서 튜브를 통해 음식물을 섭취하고 산소 호흡기에 의존해 숨을 쉬며 할 수 있는 일이라고는 눈을 깜빡이는 것밖에 없지만, 갈라트는 그 어느 때보다도 창조적으로 현재를 살아가고 있다. 그는 환우와 가족들을 위해 책을 쓰는 것은 물론, 2019년에는 케이트 부시의 작품에서 영감을 받아 앨범을 완성하기까지 했다. 훗날 부시는 그 앨범의 가치를 인정했다. 그리고 지금 내가 이 글을 쓰고 있을 때 갈라트는 아이들을 위한 책을 쓰고 있다. 그의 음악과 글은 모두 똑같이 힘든 과정을 거쳐 탄생한다. 부연 설명을 더하자면, 그의 동공을 추적하는 소프트웨어를 활용해 음표와 글자 하나 하나를 표기하는 방식으로 진행된다.

대부분의 경우, 제약의 악마가 우리의 여정에 놓아둔 장애물은 윌슨과 갈라트가 직면했던 것만큼 거대하지 않을 것이다. 교도소에 갇힌다거나 자신의 몸에 결속되어 빠져나올 수 없는 상태를 경험할 만큼 큰 불행을 겪는 이는 거의 없다. 그렇지만 이러저러한 유형의 장애물은 분명히 존재한다.

그런데 이런 장애물이 우리의 작품을 더 좋게 만들어줄 수도 있지 않을까?

잘 알려진 사례로 베토벤이 있다. 그에게 찾아온 청각 장애는 이전과는 전혀 다른 실험적인 작곡법을 시도하게 했고, 그 결과 많은 칭송을 받는 후기 작품들이 탄생했다. 시대의 한계를 뛰어넘은 그의 이야기는 오늘날에도 여전히 많은 감동과 교훈을 선사한다. 또는 암 수술 이후에 이젤 앞에 서 있을 수도 없었던 마티스가 종이를 오려 붙여 작품 활동을 이어나간 이야기도 있다(물론 그 작품은 세계적 반열에 올랐다).

이보다 덜 알려진 이야기도 있다.

시대를 막론한 최고의 베스트셀러 책으로 모리스 샌닥의 『괴물들이 사는 나라』(시공주니어, 2002)를 뽑고 싶다. 작품에 등장하는 맥스라는 인물과 끔찍한 이빨, 끔찍한 소리, 끔찍한 눈과 끔찍한 발톱을 가진 괴물들을 사랑하는 사람들조차 그 책의 원래 제목이 '야생마들이 사는 나라'였다는 사실을 잘 알지 못한다. 당시 샌닥의 편집자 우르술라 노드스트롬은 샌닥이 그린 말 그림을 보고 이렇다 할 감동을 받지 못했다. 그는 첫 번째 그림을 살펴보고는 실망한 듯 이렇게 물었다. "모리스, 이보다 더 잘 그릴 수 있는 그림이 있나요?" 이에 샌닥은 이렇게 답했다. "무엇이든지요!" 그리고 훗날 드러난 것처럼 그는 정말로 해냈다. 그것도 대단히 탁월하게 말이다.

일본의 인디 밴드 사우어는 〈히비 노 네이로^{日々の}

音色〉라는 노래로 놀라운 뮤직비디오를 세상에 선보

였다. 영상은 유튜브에서 쉽게 확인할 수 있다. 이

비디오에서 팬 80명이 웹캠으로 촬영한 화면으로

등장해 정확하게 맞춘 동작을 보여준다. 팬들이 촬

영한 영상은 몇 주 또는 몇 개월에 걸쳐 편집되었고,

결국 기막히게 짜인 움직임을 보여주는 흥미진진한

태피스트리(여러 가지 색실로 그림을 짜 넣은 직물―옮긴

이) 작품으로 완성되었다. 이 영상은 분명 역사상 가

장 창조적인 뮤직비디오 중 하나다. 이 작품은 수많

은 상을 받았고, 많은 박물관의 영구 소장품 목록에

포함되었다. 이 작품은 당시 뮤직비디오 제작 팀이

직면했던 어려움 때문에 혹은 그러한 어려움 '덕분

에' 세상에 모습을 드러낼 수 있었다.

당시 밴드 멤버들은 모두 일본에 있었던 반면, 뮤

직비디오 제작 팀은 수천 마일 떨어진 뉴욕에 머무

르고 있었다. 그들은 예산이 매우 부족한 데다가 서

로 지리적으로 멀리 떨어져 있는 상태에서 어떻게

뮤직비디오를 만들지 고민하고 있었다. 이 영상의

제작 감독인 할 커클랜드의 말에 따르면, "우리에게 없는 것을 계속 확인하는 일을 그만두고 우리가 했던 일과 더불어 앞으로 할 수 있는 일을 생각하기 시작했을 때" 비로소 아이디어가 나왔다.

바로 여기에 제약의 악마를 이기는 비밀이 숨어 있다. 그 비밀이란 생각의 틀을 전환하는 심리적 방법이다. 즉, 결함을 확인하는 대신에 기회를 모색하는 '방향 전환'을 말한다.

이 과정을 잘 보여주는 이야기로 사진가 재키 케니의 작업보다 더 나은 사례를 떠올리기는 힘들 듯하다. 나는 케니의 풍경 사진을 인스타그램에서 처음 접했다. 그녀의 사진에는 전 세계 수많은 지역이 등장한다. 세네갈에서 칠레, 몽고, 미국에 이르기까지 정말 다양하다. 사진은 모두 시적이고 고요하고 무언가를 동경하는 분위기다. 전반적인 색상은 따뜻하면서 파스텔 톤에 가깝다. 그녀의 사진에는 사람이 거의 등장하지 않으며, 이는 고요함을 더욱 고조시킨다. 그리고 대부분 광각렌즈를 사용해 길옆으로 넓게 펼쳐진 풍광을 한 폭에 담아낸다. 이러한 특징

107

만으로도 내가 팔로우 버튼을 누르기에 충분했다.

그리고 믿기 힘든 사실을 발견했다. 바로 케니가 집 밖을 나서지 않고 사진을 '찍있다'는 사실이다. 케니의 인스타그램 닉네임은 '광장공포증 여행자'였으며 이는 아주 적절한 이름이었다. 그녀는 사진과 여행을 좋아하지만 안타깝게도 광장공포증이라는 불안 장애를 갖고 있었다. 그녀는 자신의 런던 아파트 밖을 벗어나지 못했다. 그래서 그녀는 구글 스트리트 뷰를 통해 세상을 탐험하기로 결심했다. 사진가로서 자신의 눈을 사로잡는 풍경을 발견하면 그녀는 곧바로 그 화면을 캡쳐한다. 케니의 계정은 13만 명을 넘는 팔로워를 보유하고 있으며, 오늘날 전 세계가 그녀의 작품을 감상하고 있다. 케니는 이렇게 설명한다. "자신의 한계가 목표를 달성하는 길을 가로막도록 내버려둘 필요는 없습니다. 한계는 우리를 가두지 못합니다. 때로 그러한 한계가 우리 자신을 위해 일하도록 만들 수 있습니다."

일본 무술의 한 종류인 합기도의 핵심 정신은 무언가에 대한 저항을 중단할 때 비로소 그것이 자신에게 미치는 힘을 없앨 수 있다는 것이다. 우리가 시간이나 돈, 물질의 부족을 탓할수록 그 제약은 더 높은 장벽이 되어버린다. 반면 그 제약을 있는 그대로 받아들일 때, 우리는 우회하는 길을 발견할 수 있다. 이 아이디어는 우리의 직관에 반하는 것처럼 보이지만, 실제로 과학자들은 우리가 더 많은 제약에 직면할수록 더 창조적이게 된다는 사실을 증명했다. 한 실험에서 연구원들은 대학생을 대상으로 새로운 발명품을 제안하라는 과제를 냈다. 첫 번째 그룹에게는 고리나 구, 링과 같은 물건만을 사용하도록 하고, 두 번째 그룹에게는 가구나 전기용품 또는 장난감과 같은 물건으로 발명품의 범주를 제한했다. 마지막으로 세 번째 그룹에게는 특정한 부품을 활용해 특정한 범주의 제품을 발명하도록 더욱 복잡한 조건을 제시했다. 그 결과, 세 번째 그룹의 학생들이 다른 두 그룹보다 더욱 상상력이 풍부하고 독창적인 발명품을 내놓았다.

부커상을 수상한 작가인 조지 손더스는 뉴욕 주에 위치한 시라큐스대학교에서 작문을 가르치고 있다. 그는 학생들을 새로운 창조적 영역으로 밀어 넣기 위해 45분 동안 이야기를 쓰는 과제를 내곤 한다. 글은 정확히 200개의 단어로 구성되어야 하고, 단 50개의 단어만 중복해서 사용할 수 있다. 그 결과, 제약 없이 쓴 다른 작품들보다 더 생생하고 극적이며 역설적이게도 더 독창적인 작품들이 탄생했다. 손더스는 어째서 이 방법이 그토록 효과적인지 확신하지 못했지만, 그 제약이 학생들로 하여금 안주하지 않고 작가로서 갇혀 있던 아이디어를 파괴하고, 자기 자신을 새롭게 표현하는 방식을 발견하도록 스스로 밀어붙였기 때문일 것이라고 짐작한다.

이러한 점에서 제약의 악마는 적이라기보다는 친구다. 당신이 일하는 분야에서 뛰어난 성취를 이뤄낸 인물들의 창조 과정을 들여다본다면, 많은 이가 '더 적은 것을 가지고 더 많은 것을 추구'했다는 사실을 이해하게 된다. 이는 세르비아 예술가 마리나 아브라모비치가 말한 창조적 과정에 대한 탁월한 설명이기도 하다. 우리는 더 많은 조건을 만들어 스스로를 더 밀어붙일 수 있다. 그리고 스스로를 더 밀어붙임으로써 자신의 목소리를 더 뚜렷하게 낼 수 있다.

이를 직접 시도해보라. 자신의 창의력 도구함에서 가장 좋아하는 도구가 무엇인지 생각해보자.

당신이 화가라면 가장 좋아하는 색상은 무엇인가? 당신이 작가라면 어떤 인물을 작품 속에 집어넣을 것인가? 당신이 작곡가라면 가장 좋아하는 코드는 무엇인가?

모두 떠올렸다면 이제 그 색상 없이 그림을 그리

고, 인물 없이 글을 쓰고, 코드 없이 작곡하는 연습을 해보자.

제약의 악마가 없는 세상은 환상 속에서나 존재한다. 그곳은 글을 쓰기 위한 산속 휴양지이자 칵테일을 만들어주는 스님이 있는 세상이다. 그러나 제약의 악마는 분명히 현실에 존재한다. 그리고 당신의 문을 두드릴 것이다. 그때 그를 내쫓으려 하지 말자. 그가 들어오도록 허락하고, 당신 혼자서는 갈 수 없는 곳으로 당신과 당신의 작품을 데려가도록 하자.

112

Chapter 6

비판의 악마를 무찌르는 방법

비판이 두려우면 아무것도 하지 말고,
아무 말도 하지 말고, 아무런 존재도 되지 마라.

by 엘버트 허바드

창작에 관해 미국 화가 필립 거스턴이 한 말을 좋아 117
한다. 그는 이렇게 말했다. "작업실에서 그림을 그릴
때, 그곳에는 많은 이들이 당신과 함께 있다. 당신의
스승과 친구, 역사적인 화가와 비평가들, 비판하는
사람들…. 그러나 당신이 정말로 그림을 그린다면,
그들은 하나둘 사라질 것이다. 그리고 당신이 진정
으로 그림을 그린다면, 당신마저 사라질 것이다." 이
는 외부 세상과 단절되고 자신마저 사라질 때 비로
소 창조적인 작품이 모습을 드러내는 현상에 관한
우아한 설명이다. 그러나 거스턴의 말 속에는 숨겨

진 의미가 있다. 조만간 사라진 사람들이 다시 돌아오도록 해야 한다는 사실이다.

사실 완전한 고독 속에서 창작을 하는 작가나 작곡가, 아티스트는 없다. 우리는 자신을 드러내기 위해 창조한다. 그러한 표현 행위는 다른 이에게 전달될 때 비로소 완성된다. 당신은 안다. 소설을 쓰고 노래를 녹음하고 그림을 벽에 걸었을 때, 확성기에 대고 크게 떠들어대는 선동가처럼 비판의 악마가 서로 경쟁하듯 불협화음을 이루는 청중의 목소리를 끌어모으기 위해 최선을 다할 것이라는 사실을 말이다. 청중은 모두 자신만의 주장을 펼친다. 일부는 당신의 작품을 사랑할 것이며, 다른 이들은 싫어할 것이다. 비판의 악마는 바로 여기서 치명적인 손놀림으로 우리가 어떻게든 전자의 칭송을 잊어버리도록 만든다. 그리고 후자의 일침이 당신의 심장에 박히게 된다.

오늘날 인스타그램과 X(구 트위터), 메타(구 페이스북), 유튜브의 세상에서 사람들의 주장은 쉽고 빠르게 존재를 드러낸다. 사이버 세상에서는 가시 돋친

말들이 종종 익명성의 탈을 쓰고 목표물을 정확하게 공격한다. 이러한 상황에서 무언가에 귀를 기울이기는 쉽지 않다.

세상의 소음을 받아들이는 한 가지 방법은 세 개의 동심원을 떠올려보는 것이다. 맨 안쪽에 위치한 첫 번째 원에는 당신이 있다. 그리고 두 번째 원에는 개인적으로 친분이 있으며 존경하는 사람들이 있다. 즉, 친구와 동료들이다. 마지막으로 세 번째 원에는 다른 모두가 들어 있다. 다시 말해, 사이버 공간의 탁상공론자들과 이들을 전문적으로 상대하는 상대방이 있다. 이때 당신이 특별히 관심을 둬야 할 의견의 기준은 (내 생각에) 원의 중심과 중심을 기점으로 의견이 위치한 지점에 달렸다. 원 중심에 가까울수록 그 말의 가치는 높다.

먼저 맨 바깥쪽 원부터 살펴보자. 그곳에는 트렌드 메이커와 문지기, 비평가 그리고 광범위한 세상이 존재한다.

1956년 6월 6일, 『뉴욕타임스』의 비평가 잭 굴드는 엘비스 프레슬리라고 하는 멤피스 출신의 젊은 가수를 이렇게 평가했다. "프레슬리에게는 이렇다 할 노래 실력이 없다. 그의 특징은 리듬이 있다는 것인데, 그는 천편일률적으로 구슬프게 우는 목소리로 노래한다. 그의 창법은(그렇게 부를 수 있다면) 초보자가 목욕탕에서 부를 때나 어울릴 만한 것이다. 듣는 사람의 입장에서 그의 노래는 말로 표현할 수 없을 정도로 지루하다." 저런. 이는 분명히 역사적으로 가장 끔찍한 비평가의 실수 중 하나지만, 그렇다고 굴드만을 나무라기만 하는 것은 부당한 처사일 수 있다. 이미 끔찍한 실수를 저질렀던 유명 비평가들의 사례가 수도 없이 존재하기 때문이다. 그들이 실수하는 이유는 문화 비평계에 만연한 보수적 특성 때문이다. 게다가 부정적인 평가가 긍정적인 평가보다 읽기에 훨씬 더 재밌고 쓰기에도 더 흥미롭다는 점 역시 한몫했을 것이다. 비평가들은 기성의 관점에서 새로운 작품을 평가한다. 그들은 익숙하게 알고 있는 것과 동떨어진 모든 대상을 공격한다.

소심한 전통주의는 사이버공간에서 더욱 광범위하게 드러난다. 20세기 미국 화가 마크 로스코가 메타(구 페이스북)에 자신의 화려한 작품을 올리거나 영

국 화가 브리지트 라일리가 X(구 트위터)에 자신의
옵아트(착시 현상을 이용하는 현대 미술 양식—옮긴이) 작
품을 게시했다고 상상해보자. 댓글 창에는 성스러운
분노의 공격이 스며들었을 것이다.

그렇다면 문지기들은 어떨까? 여기서 문지기란
위대한 작품을 발굴해내는 일을 사명으로 삼는 출
판사, 편집자, 갤러리스트, 음반사 사장을 말한다.
글쎄, 그들 역시 마찬가지다.

당신이 테오 가이젤의 많은 작품을 읽은 수억 명
의 인구 중 하나라면, 닥터 수스라는 이름으로 더 잘
알려져 있는 그가 작가의 길을 제대로 걸어보기도
전에 작가로서의 경력을 거의 포기할 뻔 했다는 사
실에 놀랄 것이다. 가이젤은 출판사로부터 27번이
나 거절을 당한 후, 원고를 불태우고 책과 관련된 모
든 일을 그만둘 생각을 하며 집으로 향하고 있었다.
그런데 그때 우연히 한 친구를 만났다. 그는 얼마 전
출판업계에서 막 일을 시작한 사람이었다. 그는 가
이젤에게 마지막으로 한 번만 더 도전을 해보도록
권했다. 이제 사랑받는 작가가 된 그는 이렇게 말했

다. "그때 매디슨가 반대편으로 걸어 내려갔더라면 지금쯤 저는 세탁소 일을 하고 있었을 겁니다." 미국 배우 프레드 아스테어가 영화사에서 처음 스크린 테스트를 했을 때, 그는 짤막한 피드백을 받았다. "연기도 못하고 노래도 못한다. 다소 건방지다. 춤은 좀 춘다." 또한 음반사인 데카는 비틀스를 퇴짜 놓으면서 이렇게 말했다. "기타치는 그룹은 이제 한물 갔다." 그리고 전 세계에서 무려 5억 권의 책이 팔린 베스트셀러 작가 조앤 롤링은 블룸즈버리 출판사가 모험을 감내하기로 결정하기 전까지 출판사 열두 곳으로부터 거절을 당했다. 블룸즈버리는 롤링에게 단 1,500파운드의 선금을 주면서 필명을 'J. K.'로 바꾸라고 조언했다. 소년들이 여성이 쓴 마법사에 관한 소설을 읽기 싫어할지 모른다는 우려 때문이었다.

닥터 수스의 동화와 서전트 페퍼 또는 해리 포터가 없었더라면 세상은 지금보다 더 삭막했을 것이다. 놀랍게도 우리가 현재 그들의 작품을 즐겁게 감상할 수 있는 이유는 문지기가 아닌 창조자들의 끈기 덕분이다.

123

문지기가 작품의 가치를 정확히 알아보고 청중을 끌어모을 자격이 있다고 확신할 때, 정작 청중은 준비가 안 되어 있을 수도 있다. 허먼 멜빌의 『모비 딕』은 2500만 부가 넘는 판매고를 올렸다. 문학 팬이라면 대부분 그 책을 이미 읽었거나 나처럼 언젠가 반드시 읽어야 할 책 목록에 넣어두었을 것이다. 그러나 멜빌의 대표작이 출판되고 약 40년의 세월이 흘러 그가 세상을 떠난 1891년까지도 고래에 관한 서사적 이야기를 다룬 그 책을 산 사람은 겨우 3,715명에 불과했다.

비판의 악마는 우리에게 상업적, 비평적 성공이 자신의 재능과 성취를 절대적으로 반영한다고 믿게 만들고 싶어 한다. 그러한 성공을 거두지 못하면 우리가 실패했다고 생각하길 원한다. 그러나 데카가 거절했던 리버풀 출신의 청년들이 한 말을 빌리자면, 인정을 받기 위한 여정은 대단히 길고 험난하다. 그 과정에는 길을 잃게 할 수많은 위험 지역이 있다. 목적지에 도달하는 것은 단지 재능에 관한 문제가 아니라 운에 관한 문제이기도 하다. 비틀스와 엘비스, J. K. 롤링, 닥터 수스를 비롯한 많은 창작자들이 우리에게 전하는 메시지처럼, 오늘의 거절이 내일의 실패를 의미하지는 않는다. 또한 평생 거절을 당했다고 하더라도 자신의 작품이 가치가 없다는 뜻은 아니다. 일생 동안 단 한 점의 작품만을 판매했다고 알려진 반 고흐도 이 말에 동의했을 것이다.

이제 원의 중심으로 좀 더 들어가보자.

친구와 동료는 어떤가? 그들의 주장에는 어떤 가치가 있을까?

아마 지금쯤이면 짐작했을 텐데, 이 책은 모든 창조적 여정이 얼마나 힘든 과정인지를 말하고 있다. 주변 사람들(혹은 단 한 사람이라도)이 당신의 눈물을

Chapter 6 | 비판의 악마를 무찌르는 방법

닦아주고, 당신이 정말로 필요로 할 때 설탕을 넣은 차 한 잔을 만들어주고, 무엇보다도 당신의 자존감이 바닥을 쳤을 때 다시 일으켜 세워준다면, 그건 정말로 대단한 일이다. 그렇지만 친구와 사랑하는 사람은 전적으로 신뢰할 수 있는 평가의 원천이 되지 못한다. 이는 그들이 해야 할 일이 아니다. 그들은 언제나 낙관적이고 편향되고 긍정적이면서 격려를 해주는 쪽으로 치우쳐 있다. 만약 그들이 그런 역할을 하지 않는다면 더 오랫동안 친구나 사랑하는 관계로 남아 있기는 힘들 것이다.

반면 같은 길을 걸어가는 동료는 조금 다르다. 동료와 서로 건설적인 비판을 주고받는 긴밀한 관계를 맺을 때, 우리는 앞으로 나아가며 자신의 한계에 도전하게 된다. 예술계에서는 많은 동지애를 관찰할 수 있다. 앤디 워홀과 장 미셸 바스키아, 트루먼 커포티와 하퍼 리, 제임스 볼드윈과 토니 모리슨, 프랜시스 베이컨과 루치안 프로이트, 헬렌 프랑켄탈러와 그레이스 하티간 등이 대표적이다. 그러나 이러한 관계에는 예술가적 에고가 끼어든다. 어떤 시점에서 한 사람이 그의 친구보다 더 큰 성공을 거둘 수 있다. 그러한 순간이 오면 아무런 편향 없이 조언하기가 불가능해질 것이다.

가장 이상적인 대상은 당신을 사랑하고 당신의 분야를 이해하는 사람과 있는 그대로 말하는 것을 두려워하지 않는 사람 사이에 있는 사람이다. 다시 말해 알마 레빌 같은 동료다.

알마 레빌은 할리우드 극작가이자 에디터였다. 또한 그녀는 영화감독 알프레드 히치콕의 아내였다. 히치콕은 자신의 대표작 《사이코》의 첫 편집을 마치고 이를 몇몇 친구에게 보여줬다. 그들의 칭송에 한껏 마음이 들뜬 히치콕은 필름을 집으로 들고 와서 레빌에게 보여줬다. 릴이 끝까지 돌았을 때, 그 위대한 감독은 기대감이 가득 찬 시선으로 아내를 쳐다봤다. 하지만 레빌은 고개를 저으며 말했다. "이렇게 내보낼 순 없어요." 그 말을 들은 거장의 침울한 턱 위로 작고 어두운 두 눈이 만들어내는 당혹스러운 표정이 쉽게 떠오르는가? 레빌은 다른 누구도 알아채지 못했던, 또는 어느 누구도 감히 거장에게

127

지적하지 못했던 무언가를 발견하고 분명하게 말했다. 주인공 재닛 리가 샤워를 하다가 살해된 장면에서 시신이 계속 숨을 쉬고 있었던 것이다.

세상을 뜨기 한 해 전인 1979년에 히치콕이 미국 영화협회로부터 공로상을 받았을 때 다음과 같은 수상 소감을 말했다. "제게 최고의 애정과 인정, 격려를 보여주고 지속적으로 도움의 손길을 내밀어준 네 사람에게 특별한 감사를 드립니다. 첫 번째는 필름 에디터, 두 번째는 시나리오 작가, 세 번째는 제 딸 팻의 어머니, 네 번째로는 주방에서 매 순간 마법을 부렸던 최고의 요리사입니다. 이 네 사람의 이름은 모두 알마 레빌입니다."

히치콕은 자신의 아내로부터 엄청난 도움을 받았다. 당시 극심한 성차별이 만연했던 시대적 한계 상황만 아니었더라면, 레빌은 분명 유명 감독이 되었을 것이다. 히치콕에게는 정말로 운 좋게도 그녀가 곁에 있었다. 비록 당신에게는 알마 레빌이 없지만 작품에 관해 의견을 구할 수 있는 친구와 동료가 있을 것이다. 이들의 의견은 에고와 사랑, 경쟁의식과 관심이라는 필터를 거쳐 전달된다는 사실을 명심하자. 그리고 그것이 절대적인 사실이 아니라 하나의 의견에 불과하다는 점을 기억하자.

때로 자신의 작품을 제삼자와 공유함으로써 스스로 인식하지 못했던 문제점을 알아낼 수 있다는 사실을 여기서 언급할 필요가 있겠다. 영국 밴드 더 엑스엑스의 로미 메들리 크로프트는 누군가를 녹음실로 초대해 곡을 들려주는 과정을 통해 어떻게 자신이 그 곡을 새롭게 들을 수 있는지 설명했다. 메들리 크로프트가 자신의 작업에서 어떤 점이 좋고 무엇이 좀 더 필요한지 이해하기 위해 초대받은 사람은 어떠한 말도 할 필요가 없었다. 그 사람이 문제를 지적하더라도 크로프트는 그들이 제안한 해결책을 경계했다. 작가 닐 게이먼은 이렇게 말했다. "사람들이 당신에게 무언가 잘못되었고 문제가 있다고 지적할 때, 그 이야기는 대부분 옳다. 그러나 그들이 정확하게 무엇이 잘못되었으며 그것을 어떻게 바로잡아야 할지 말한다면, 그 이야기는 대부분 옳지 않다."

아마도 그래서 많은 아티스트 및 작가들이 며칠

129

또는 몇 달 동안 작품을 잠시 놔두고 떠났다가 다시 돌아와 완성된 작품을 평가하는 것일 테다. 이러한 방법으로 작품과 어느 정도 거리를 두고 바라볼 수 있다. 굳이 제삼자의 의견을 구하지 않아도 된다. 영국 소설가 제이디 스미스는 동료 작가들에게 이렇게 말했다. "낯선 사람이 읽는 것처럼, 또는 더 나아가 내 적이 읽는 것처럼 자신의 작품을 읽어보라."

마침내 우리는 원의 한 가운데에 도착했다.

그리고 그곳에는 당신이 있다.

당신은 진실을 확인하기 위해 내면 깊은 곳에 도달했다. 당신은 자신이 할 수 있는 가장 진지한 방식으로 진실이 드러나도록 노력했다. 당신만이 실패와 고뇌, 드라마, 덧없는 기쁨의 순간을 경험했다. 그리고 궁극적으로 당신만이 자신이 얼마나 성공적이었는지 마음 깊은 곳으로부터 알고 있을 것이다.

비판의 악마가 만들어내는 모든 목소리는 그저 목소리일 뿐이다. 이 목소리는 당신을 안내하고 용기를 주고 계속해서 나아가도록 도와줄 수 있다. 때로는 당신의 예술적 에고를 한껏 부풀어 오르게 만들 수도 있다. 하지만 당신이 그 악마의 목소리를 그대로 내버려둔다면 당신이 단지 껍데기로만 존재하게 될 때까지 악마가 창조적 영혼을 갉아먹을지 모른다.

타당한 의견에는 귀를 기울이자. 그러나 너무 자주, 너무 심각하게 듣지는 말자.

Chapter 7
도둑질의 악마를 무찌르는 방법

인류 진화의 현시점에서 당신이 훔칠 만한
무언가를 가진 사람은 도둑뿐이다.

by 제프 트위디

지난 40년 동안 탄생한 명곡들을 들을 줄 아는 귀를   135
갖고 있다면(아마도 이 책을 읽는 사람들 대부분이 그렇
겠지만), 당신이 좋아하는 노래 중에는 분명 지금으
로부터 50년도 더 된 우연한 순간에 빚을 지고 있는
곡도 분명 있을 것이다.

　더 윈스톤스는 워싱턴 D.C. 출신의 소울 밴드다.
1969년 어느 봄날에 그들은 조지아주 애틀랜타에
있는 한 녹음 스튜디오에서 난관에 봉착했다. 그때
그들은 〈컬러 힘 파더Color Him Father〉라는 곡의 녹음을
막 끝냈다. 멤버들은 계부에 대한 소년의 사랑을 그

린 그 싱글에 대단히 만족했고, 그들의 판단은 옳았다. 밴드의 최대 히트곡이 된 이 싱글로 그래미상까지 받았다. 그런데 문제는 B면에 들어갈 곡이었다.

멤버들이 아이디어를 더 이상 떠올리지 못하자 휴식을 취할 때가 되었다고 판단한 리드 싱어 리처드 L. 스펜서는 유명 가스펠 곡인 〈아멘, 브라더Amen, Brother〉를 넣자고 제안했다. 노래가 너무 짧아 기타 연주를 추가했지만 앨범에 싣기에는 여전히 부족했다. 결국 곡의 길이를 더 늘리기 위해 드러머 그레고리 콜먼이 드럼 간주 네 마디를 추가하기로 결정했다. GC라는 이름으로 불렸던 콜먼은 똑같은 비트를 두 마디 연주했고, 세 번째 마디에서 스네어 히트를 한 박자 뒤로 미뤘고, 네 번째 마디 첫 박자는 비워놓고서 당김음 패턴과 초기 크래시 심벌을 연주했다. 드디어 〈아멘, 브라더〉는 2분 30초 정도가 되었고, B면에 삽입하기에 충분해졌다. 더 윈스톤스 멤버들은 스튜디오를 나서서 가까운 바를 찾았다.

이제 1980년대 초 뉴욕으로 넘어가자. 당시 브루클린과 퀸즈, 브롱스 지역을 중심으로 유행했던 파티 문화는 힙합의 탄생으로 이어졌다. 당시 디제이들은 혁신적으로 두 대의 턴테이블을 동시에 사용함으로써 래퍼들을 위해 끊임없이 이어지는 비트를 선사했다. 게다가 기성곡의 일부를 가져와 사용하는 샘플링 작업이 유행으로 번지자 디제이들은 새롭게 사용할 수 있는 숨겨진 보물을 위해 소울과 펑키 음반의 곡들을 마구 뒤지고 다녔다. 특히 그들은 당김음으로 구성된 깨끗한 드럼 간주에 주목했다. 훗날 '아멘 브레이크Amen Break'라고 알려진 GC의 6초간의 드럼 간주는 그들이 찾던 완벽한 비트였다.

머지않아 사람들은 그 간주를 어디에서나 들을 수 있게 되었다. 계속 반복되고 빨라지거나 느려지고 조각으로 잘려져 있기도 한 그 비트는 무한히 이어지는 주크박스 노래의 근간이 되었다.

솔트 앤 페파는 〈아이 디자이어I Desire〉라는 곡에서 아멘 브레이크 간주에 새로운 집을 마련해준 최초의 아티스트 중 하나였다. 또한 N.W.A의 폭발적인 〈스트레이트 아웃 오브 컴턴Straight Outta Compton〉을 비롯해 수많은 힙합 음악에 근간이 되었다. 시간이 흘러 우리는 이 비트를 프로디지의 댄스 음악과 칼 콕스의 하우스 음악에서 듣고 있다. 또 이 간주는 에이미 와인하우스와 데이빗 보위, 오아시스처럼 다양한 아티스트들이 발표한 노래의 근간이 되었다. 게다가 '정글'이라고 하는 댄스 뮤직 장르는 애틀랜타의 어느 화창한 날에 GC가 녹음했던 6초간의 비트를 기반으로 만들어졌다. 얼마나 많은 곡이 아멘 브레이크에 빚을 지고 있는지 정확하게 알 수 없지만, 이 글을 쓰는 시점을 기준으로 '후 샘플드'라는 앱은 5천 곡 이상이 그러하다고 말해준다.

시간을 때우고 지친 동료 뮤지션에게 휴식을 주기 위해 만들었던 6초간의 드럼 간주는 그렇게 음악 역사에서 하나의 이정표로 남았다.

내가 이 이야기를 하는 이유는 단지 윈스톤스가 인정을 받을 만한 가치가 있기 때문만은 아니다(놀랍게도 그들은 단 한 푼의 로열티도 받지 않았다). 그것은 이 사례가 창조적 과정의 중요한 미신 중 하나, 즉 아이디어가 진정으로 고유할 수 있다는 미신을 잘 보여주기 때문이다.

우리는 스스로의 에고를 기반으로 삼고 있으며 자아에 집착하는 존재이기 때문에 자신을 아이디어의 '부모'라고 믿고 싶어 한다. 우리는 영감이 형언할 수 없으며 신비로운 마법이라고 스스로를 속인다. 뮤즈가 우리를 향해 미소 짓는 바로 그 순간 아이디어가 난데없이 튀어나온다. 우리를 이 지점으로까지 이끌고 왔던 모든 요소는 기억상실증이라는 편안한 숨결 속으로 사라져버린다.

그러나 사실 무無에서는 아무것도 나오지 않는다.

우리의 성공은 다른 사람들의 아이디어를 기반으로 삼고, 새롭게 상상하고, 개선하는 능력에 달렸다. 아이작 뉴턴은 유명한 말을 남겼다. "내가 더 멀리 내다볼 수 있었던 것은 거인의 어깨 위에 올라섰기 때문이다." 이 말의 의미는 그가 '거인의 어깨'라는 표현을 중세 영국의 인문주의자 솔즈베리의 요한에게서 빌려오고, 요한은 이를 12세기 프랑스 철학자 베르나르 드 샤르트르에게서 가져왔다는 사실에 의해 더욱 강조되었다.

인간은 신경학적인 차원에서 창의적으로 도둑질

하도록 설계되었다. 바로 이러한 이유로 우리는 오랜 세월 생존할 수 있었다. 우리는 오랫동안 네안데르탈인이 둔하고 멍청하고 짐승 같은 존재였다고 믿었다. 그들보다 더 똑똑한 호모사피엔스가 번영하는 동안 네안데르탈인은 사라질 수밖에 없었다. 약 30만 년 동안 지구에 머물렀음에도 그들의 존재를 보여주는 것은 몇몇 뼛조각과 돌로 만든 도끼가 전부였다. 반면 현생 인류는 20만 년에 걸쳐 마이크로칩과 자율주행 자동차, 양자역학, 가라오케 바까지 개발했다.

그래서 2018년 과학자들이 네안데르탈인의 평균적인 두뇌 크기가 오늘날 우리의 두뇌보다 더 컸다고 밝힌 사실은 더욱 충격으로 다가왔다. 현생 인류보다 회색질이 더 많았음에도 불구하고 인간이 혁신을 거듭하면서 기하급수적인 속도로 새로운 기술을 개발하는 동안, 커다란 눈썹을 지닌 우리의 사촌은 어째서 그토록 미미한 발전밖에 보여주지 못한 걸까?

네안데르탈인 두뇌와 현생 인류의 두뇌를 면밀

하게 비교했을 때, 전자가 부피는 더 크지만 내부의 소뇌는 더 작았다. 소뇌는 언어 및 사회적 교류 같은 고차원적인 인지 능력을 담당한다. 이로 인해 네안데르탈인은 오늘날 호모 사피엔스와 비교했을 때 훨씬 더 작고 고립된 집단생활을 했으며 의사소통을 덜 했고 아이디어를 활발하게 공유하지 않았다. 다른 사람들이 만든 것으로 새로운 것을 만들어내는 능력이 없었던 네안데르탈인은 모든 것을 처음부터 배워야 했기에 대단히 초보적인 기술 수준에서 벗어나지 못했다. 생존 환경이 변화하면서 그들

141

은 적응에 실패했고 일부 과학자는 이것이 그들이 멸종할 수밖에 없었던 중요한 이유라고 믿는다.

반면 인간은 다른 누군가가 만든 것을 보고 이렇게 묻는 데 능했다. '어떻게 하면 저것보다 더 나은 것을 만들 수 있을까?'

우리는 탁월한 영감으로 예술과 과학계를 밝힌 고독한 천재들의 이야기를 좋아한다. 하지만 진실은 훨씬 더 진부하다. 그 진실이란 바로, 혁신가는 기본적으로 그때까지 누적된 모든 혁신에 빚을 지고 있다는 사실이다.

마크 트웨인은 자신의 친구이자 동료 작가인 헬렌 켈러에게 아름다운 편지를 썼다. 그 무렵 켈러는 표절 의혹으로 비난을 받고 있었다. "말이든 글이든 간에 표절 없이 인간의 이야기 속에 무언가 대단한 게 있기라도 했던 것처럼! 모든 아이디어는 사실 의식적이나 무의식적으로 수많은 외부의 출처로부터 빌려온 것이지. 전보나 증기기관, 축음기, 사진, 전화 혹은 그 어떤 중요한 것을 개발하기 위해서는 천 명의 인간이 필요해. 그런데 우리는 맨 마지막 사람의 공만 인정하고 이전의 모두를 잊고 말아. 그는 단지 무언가를 약간 추가했을 뿐인데 말이야."

청송을 받는 혁신가 중 자신의 발견을 인류 진보의 아주 일부분으로 인정할 만큼 겸손한 사람은 거의 없다. 그러나 헨리 포드는 예외다. 대량생산 시스템을 발명한 공로로 인정받은 이 천재는 자신이 단지 올바른 순간에 올바른 장소에 있었을 뿐이라고 말했다. "나는 새로운 것을 개발하지 않았다. 다만 수세기 동안 노력을 이어온 다른 사람들의 발견을 가지고 자동차를 조립했을 뿐이다." 비록 역사책은 한 개인에게 공을 집중시키지만, 가장 위대한 혁신은 세상의 여러 다양한 지역에서 동시적으로 '발견되었다'. 사진과 계산기, 진화론은 몇 가지 예시일 뿐이다.

143

모든 아이디어가 이미 존재하고 있던 아이디어를 기반으로 삼는다는 생각(이를 '아이디어의 기원 이론'이라고 부르자)은 단성생식 이론처럼 신비롭거나 낭만적이지는 않다. 하지만 이는 우리를 안심시킨다. 우리가 다른 사람의 훌륭한 작품에 몰두할수록 그것을 재구성(포드의 표현으로 '조립')하거나 스스로 훌륭한 작품을 만들어낼 가능성이 높아진다는 사실을 이해한다면 혁신이 덜 위압적으로 느껴진다.

스티브 잡스가 '위대한 아이디어를 훔치는 뻔뻔함'을 인정하는 영상은 유튜브의 가장 어두운 구석에 숨겨져 있다. 삼성이나 구글의 변호사들은 여기서 잡스가 설명한 도둑질에 대해서는 문제 삼지 않았다. 잡스는 매킨토시 컴퓨터 개발을 위해 음악과 시, 예술, 동물학, 역사로부터 아이디어를 훔쳤다고 이야기한다. 잡스와 그의 개발 팀이 컴퓨터 분야에서 혁신을 이끌어낼 수 있었던 것은 컴퓨터 과학을 넘어 방대한 주제로부터 아이디어를 발견하고 이를 바탕으로 그림을 그려낸 덕분이었다.

이제 나는 당신이 무엇을 생각하는지 안다.

모든 창조 행위가 기존 아이디어를 가공하는 일에 달렸다면, 우리가 도둑질의 악마를 왜 걱정해야 한단 말인가? 지금쯤 눈치를 챘겠지만, 그 악마는 이 장에서 아직까지 제대로 모습을 드러내지 않았다. 그는 과연 악마이기는 한 걸까?

여기서 중요한 점은 우리가 무언가를 훔치는 방식이다.

우리가 다른 누군가의 작품을 가지고 와서 자신의 것이라고 우기는 것은 최악의 도둑질이다. 이러한 유형의 절도를 행한다면 창조적 영혼은 말라비틀어지고 우리의 뮤즈도 죽을 것이다. 게다가 표절 소송에 휘말리면서 세간의 이목을 끌고 변호사 비용을 대기 위해 집을 팔고 텐트 신세를 지게 될 것이다.

자신이 활동하는 분야 안에서 아이디어를 훔친다면, 이는 일종의 동종포식이다. 인정하고 싶지 않지만 동종포식은 영원히 사라지지 않을 것이다.

한편, 기존 아이디어의 한 가지 요소를 가지고 와 변형한다면, 그리고 이를 한 분야에서 다른 분야로 옮기고 자신의 개성과 경험에서 비롯된 새로운 요소를 추가해 새로운 장소로 옮긴다면, 우리는 어떠한 창조적 범죄를 저지르지 않은 것이다.

가수 닉 케이브는 한때 자신이 작곡한 노래가 다른 누군가의 곡 멜로디와 비슷하다는 표절 시비에 휘말린 적이 있다. 이에 대해 케이브는 락앤롤은 "아이디어 차용에 열광하는" 음악이며 "다른 누군가로 부터 무언가를 가져오는" 사람 없이는 존속할 수 없다고 주장했다. 케이브의 유일한 모토는 훔쳐온 아이디어를 어떤 방식으로든 발전시켜야 한다는 것이었다. 누군가가 당신의 아이디어를 다시 훔친다면, 그때 당신은 자신의 도둑질이 성공적이었다는 사실을 깨닫고 기쁨을 만끽하면 된다.

젊은 시절에 우리는 회화나 음악, 시, 춤과 같은 특정 예술 장르에 빠진다. 그리고 머지않아 그 장르를 통해 자신을 드러내고픈 충동에 따라 움직인다. 그 과정에서 필연적으로 자신이 존경하는 누군가를 따라하게 된다. 이는 자연스러운 과정이다. 이러한 모방은 때로는 의식적으로, 때로는 무의식적으로 이루어진다. 우리는 모방을 통해 배운다. 그리고 나중에는 과감하게 무시하게 될 장르의 규칙을 이해한다. 이다음에는 더 이상 베끼거나 훔치지 않아도 되는 중요한 시점이 찾아온다. 우리는 기존 아이디어를 선택해(중요한 대목이다) 그것을 자신의 것으로 만든다. 우리는 그 아이디어에 온전히 자신의 특성을 부여한다. 자신의 경험을 통해 아이디어를 가공하고 자신의 목소리로 아이디어를 말한다. 그렇게 우리는 도둑질을 통해 예술가로 거듭 태어난다.

창조는 훔치는 행위다. 음악과 조각, 회화, 시의 세계는 물론, 버스 정류장에서 나눈 대화와 오래된 앨범 커버, 그라피티, 옥외 광고판, 푸드 트럭 메뉴, 매장의 전시, 꿈…. 우리가 아직 알지 못하는 그 모든 것으로부터 훔치는 행위다.

도둑질의 악마가 당신에게 훔친 물건을 담을 자루를 주고 이곳저곳을 돌아다니라고 속삭일 때, 마음속에 간직해야 할 한 가지가 있다. 영화감독 장 뤽 고다르는 이렇게 표현했다. "중요한 것은 어디서 가져오느냐가 아니라 어디로 가져가느냐."

Chapter 8

우연의 악마를 무찌르는 방법

계획대로 되는 일은 없다. 작업이 나를 책임져야지,
내가 작업을 책임진다는 뜻이 아니다. 얼마나 다행인가!

by 매기 햄블링

피카소의 작업실

SOLD:
$62000000

모두 여기까지 잘 왔다. 자기 의심의 족쇄로부터 탈출하고 미루기의 끈질긴 유혹으로부터 벗어난 순간, 우리는 창조를 하고 있다. 느낌이 좋다. 스스로 흡족해할 만한 뭔가를 만들어내고 있다. 자신의 그림에 매료된 나머지 제대로 쳐다보지도 않고서 붓을 붉은 물감 통에 집어넣는다. 그리고 조심스럽게 캔버스 중앙에 붓질을 한다. 그때, 붉은 물감 통이라고 철석같이 믿었던 것이 푸른 물감 통이었다는 사실을 깨닫는다. 오, 안 돼! 그렇게 우연의 악마가 날개를 펼치고 모습을 드러내자 다른 모든 악마가 시야

151

에서 사라진 듯하다.

우연의 악마에 대해 예측할 수 있는 것은 우리가 창조의 여정에서 길을 잃도록 그가 사력을 다할 뿐이라는 사실이다. 이런 순간이 찾아왔을 때 당신은 무엇을 하겠는가?

각 분야에서 뛰어난 창작자들이 공통적으로 가지고 있는 한 가지 비밀이 있다. 그들의 성취가 얼마나 자주 칭송받는지 감안한다면, 이 비밀은 우리의 직관에 완전히 반하는 것처럼 보인다. 그 비밀이란 그들이 자신의 작품에 완전히 책임을 지지 않는다는 사실이다.

많은 영화 팬에게 역사상 최고의 오프닝 장면을 말해보라고 한다면, 커피잔을 수없이 비운 후에도 이야기가 끝나지 않을 것이다. 그렇지만 모두 어느 시점에서는 틀림없이 많은 호평을 받았던 1958년 오슨 웰스의 느와르 작품 《악의 손길》을 언급할 것이다.

이 영화의 오프닝에서는 카메라 한 대가 장면을 따라간다. 바로 이 방식이 신의 한 수였다. 웰스는

먼저 시한폭탄을 클로즈업해서 보여준다. 그러고는
어느 후텁지근한 저녁, 넓게 펼쳐진 멕시코 국경 지
역을 쫓아간다. 거리에는 많은 엑스트라와 염소 떼
가 등장한다. 3분 30초가 흐른 뒤, 찰턴 헤스턴은 곧
벌어질 무시무시한 일을 암시하는 듯 자넷 리에게
키스한다. 그리고 엄청난 폭발이 일어난다.

　폭발 장면을 비롯한 영화 속 많은 장면은 시각적
으로 정확하고 정교한 구성으로 촬영되었다. 조명과
카메라, 음향, 연기, 편집 모두가 완벽하게 맞아떨어

졌다. 이러한 점에서 웰스가 역사상 최고의 영화감독 중 한 사람이 될 수 있었던 것은 치밀한 계획과 스토리보드 덕분이었다고 충분히 예상할 수 있다.

하지만 사실은 그렇지 않다. 오히려 그 반대였다.

오슨 웰스 감독은 예상치 못한 우연을 좋아했다. 촬영하는 동안 그는 우연의 악마가 매일 촬영 현장을 찾아오기를 내내 바랐다. 웰스는 자신의 계획이 빗나가 우연한 사건이 벌어질 때 비로소 창조적 순간을 맞이한다는 사실을 알았다. 거장은 이렇게 말했다. "영화에서 가장 위대한 요소는 신성한 우연입니다. 제가 생각하는 영화감독이란 우연을 관장하는 사람입니다. 아름다운 우연은 어디에나 존재합니다. 그것은 영화를 생동감 있게 만들어주는 유일한 요소입니다. 우리가 기대하는 모든 울림은 공기 속의 냄새와 분위기가 만들어줍니다."

《악의 손길》에서 극적인 오프닝 장면보다 웰스가 더 중요하게 생각했던 것은 바로 그다음 장면이었다. 두 라이벌 경찰이 만난다. 웰스 자신이 연기한 부패 경찰 행크 퀸란은 창턱에 있는 비둘기 둥지를

발견한다. 그는 둥지에서 알을 집어 들어 손으로 깨
트린다. 그러자 찰턴 헤스턴이 연기한 바르가스 경
감이 손수건을 꺼내 내민다. 여기서 새 둥지는 계획
된 것이 아니었다. 웰스는 우연히 둥지를 발견했고,
그것을 활용한 연기는 이 영화에서 가장 중요한 장
면이 되었다.

예술가들이 그들의 작품을 구성하는 모든 요소를
완벽하게 통제한다는 생각은 잘못되었다. 예전에 화
가 프랑크 아우어바흐에 관한 다큐멘터리를 본 적
이 있는데, 여기서 그는 이 사실을 분명히 보여줬다.

155

아우어바흐는 오리 여섯 마리를 재빨리 그렸다. 오
리 그림은 부리와 눈, 머리 외곽선으로 그려졌다. 그
는 오리들을 모두 똑같이 그리려고 했지만 결과적
으로 그러지 못했다. 나는 아우어바흐가 한 실험을
직접 재현했다.

나도 여섯 마리 오리를 모두 똑같이 그리려고 했
지만, 저마다 서로 다른 개성이 드러나고 말았다. 첫
번째 오리는 먹이를 받아먹으려는 아기 새처럼 보
인다. 두 번째 오리는 약간 겁을 먹은 듯하다. 세 번째는 자신만만하면서도 조금은 어눌한 듯 보인다. 네 번째는 다소 슬퍼 보인다. 다섯 번째는 기뻐 보인다. 마지막으로 여섯 번째는 바보 같으면서도 사랑스럽다.

창조의 순간, 작품 속에는 예술가의 존재를 넘어서는 힘이 있다. 그 힘과 맞서 싸울 때, 우리는 곧잘 좌절하고 만다. 그러나 그 힘에 몸을 맡길 때, 즉 창조의 흐름에 몸을 맡기고 작품이 어떻게 완성되어 가는지 바라본다면 틀림없이 우리의 기대를 뛰어넘는 작품이 탄생할 것이다.

정교한 인물 묘사와 복잡한 서사, 미묘한 심상,

실험적 언어로 우리의 마음을 사로잡은 흥미진진한 소설을 다 읽었을 때, 문득 이런 의문이 든다. 정말로 이 이야기가 한 사람의 머릿속에서 나왔단 말인가? 하지만 사실 그 작품은 어떤 의미에서 한 사람의 머리에서 나온 게 아니다. 작가는 다만 이야기가 가고 싶은 곳으로 흘러가고 등장인물이 원하는 대로 존재할 수 있도록 허락했을 뿐이다. 이에 대해 『울프 홀』(올, 2010) 삼부작을 완성하고 부커상을 두 번이나 수상한 힐러리 맨틀은 이렇게 말했다. "모든 훌륭한 소설을 떠올려볼 때, 어느 누구도 그러한 작품을 창조할 만큼 똑똑하지 않다. 우리는 손을 떼고 이야기가 어떻게 흘러가는지 바라봐야 한다. 그 흐름을 믿어야 한다. 하지만 그것은 결코 쉬운 일이 아니다. 불안한 마음을 어떻게든 가라앉혀야 하기 때문이다. 우리가 해야 할 일은 자신의 방식에서 벗어나는 것이다."

다시 말해, 우리는 방향키에서 손을 떼고 우연의 악마에게 이렇게 말할 수 있어야 한다. "좋아. 네가 가는 곳이면 어디든 따라가겠어."

내버려둘 준비가 되어 있고 맨틀의 표현대로 "자신의 방식으로부터 벗어났을 때" 창조의 과정은 우리에게 많은 보상과 황홀, 쾌락을 선사한다. '엑스터시ecstasy'라는 단어는 원래 그리스어 '엑스타시스'에서 비롯되었는데, 자신 외부에 존재한다는 의미다. 자존심이 넘쳐났던 고대 그리스의 예술가는 황홀경에 빠져 있을 때 비로소 뮤즈가 우리를 찾아온다고 믿었다. 창작하는 동안 자신의 외부에 존재할 수 있고 의식에서 벗어나 창조적 순간이 자신을 데리고 가는 것을 허락한다면, 우리는 이미 이 황홀감을 향해 잘 나아가고 있는 것이다.

스페인 무용수 타마라 로조는 오랜 경력을 통해 자아가 사라지면서 자신이 맡은 역할 속으로 완전히 몰입하는 대단히 드문 순간을 추구해왔다. 로조는 역설적이게도 가장 육체적인 예술 장르 속에서 '종교와 형이상학에 가까운 상태'를 경험했다. 마치 자신의 몸에서 빠져나와 자신의 행위를 직접 바라보는 것과 같았다. 바로 그러한 감정을 느낄 때, 로조는 힘의 정점에 서서 청중을 자신이 원하는 특정한 감정 상태로 어디든 이끌고 다닐 수 있었다. 로조는 직업 무용수로 일한 30년 동안 그러한 순간은 손에 꼽을 정도였다고 말한다. 그러나 그 순간이 찾아왔을 때 "그와 비교할 만한 다른 느낌은 없다. 그것은 최고의 경험이다"라고 말했다.

159

작품 속에서 자신을 잃어버리는 느낌, 에고를 던져버리고 우연의 악마의 변덕을 받아들이는 느낌이 기분 좋게 다가오고 이 느낌이 창조적 결실을 맺을 잠재력을 가져다준다면, 우리는 어떻게 그 순간을 더욱 자주 경험할 수 있을까? 그리고 자아를 잃어버리는 방법은 무엇일까?

영국 아티스트 매기 햄블링은 잠에서 깨자마자 의식과 수면의 경계에서 잉크 드롭퍼로 그림을 그리는 방법에 대해 설명했다. 그녀는 오른손잡이지만 왼손으로 드롭퍼를 잡은 다음 통제력을 덜어내기 위해 눈까지 감는다. 특정한 주제를 정해놓지 않고 그저 손이 자신을 이끄는 대로 따라간다. 그리고 아무런 생각 없이 아침을 먹는다. 이처럼 무작위한 작업을 통해 만들어진 그림들은 햄블링의 몇몇 대표적인 작품에 영감이 되어줬다. 이 작업은 때로 그녀조차 모르고 있었던 심오한 심리적 진실을 드러나게 했다.

노르웨이 작가 칼 오베 크나우스고르는 세계적으로 성공을 거둔 여섯 편의 자전적 소설 시리즈『나의 투쟁』(한길사, 2016) 집필 작업을 '통제력을 포기하는 훈련'이었다고 설명했다. 그에게 글을 쓰기 위한 이상적인 상태는 저자가 아니라 독자의 입장으로 문장을 따라가면서 스스로가 수동적인 파트너인 것처럼 느낄 때다. 이 순간에 도달하기 위해 크나우스고르는 햄블링처럼 아침 일찍 일어나 아직 완전히 깨지 않은 두뇌를 활용했다. 그는 단어 하나를 선택한다. "'사과' '아들' '이' 등등 어떤 단어라도 좋습니다. 단어와 연상은 출발점이 되죠. 제가 할 일은 그것에 관한 글을 쓰는 겁니다. 어떤 다른 내용이 되어서는 안 됩니다. 무슨 일이 벌어질지 모르는 상태에서 그저 시작합니다. 마치 문장이 스스로를 만들어내는 것과 같죠." 당연하게도 이러한 방식은 나중에 엄청난 편집을 필요로 한다. 그렇지만 우리가 3장에서 살펴봤던 플로우 상태를 이끌어내기 위한 기발하면서 단순한 방식이다.

무엇보다 우리가 선택해야 할 가장 중요한 전략은 '깨어 있는 것'이다. 창조 과정의 매 순간 새로운 가능성에 열려 있어야 한다. 또한 의도적인 결과에 집착하는 바람에 자신을 흥미로운 세상으로 데려갈 대단히 드문 우연의 순간을 놓치지 말아야 한다.

이를 위해 우주 공간으로 여행을 떠나보자.

아폴로 8호의 임무는 유인우주선으로 달의 궤도를 도는 것이었다. 1968년 크리스마스이브, 휴스턴 시각으로 오전 10시 30분이 막 지난 시점에 아폴로 8호는 달의 궤도를 네 번째로 돌고 있었다. 아폴로 8호의 우주비행사들은 그때까지 아무도 본 적도, 경험해본 적도 없었던 시각으로 달을 관찰할 수 있었다. 그것만으로도 특별한 경험이었다. 그런데 네 번째 궤도에서 아폴로 8호 사령관 프랭크 보먼은 우주선의 각도를 약간 회전시켰다. 그때 우주비행사 빌 앤더스의 시야에는 우주선 측면에 난 창문으로 숨이 멎을 만한 광경이 들어왔다. 창문 밖에 보이는 푸른색 진주는 바로 우리의 행성이었다. 생명체가 살고 있지 않은 황량한 회색의 달 표면 위로 지구가 서서히 모습을 드러내고 있었다. NASA는 우주비행사들에게 엄격한 일정에 따라 사진을 촬영하도록 임무를 부여했다. 그러나 이 예상치 못한 순간은 NASA의 계획이 아니었다. 뜻밖의 환상적인 장면을 목격하게 되었다고 직감한 앤더스는 완전히 개조한 핫셀블라드 500 EL 카메라를 손에 들고서 그에게 주어진 진짜 과제를 수행하기 전까지 몇 차례 셔터를 눌렀다.

이렇게 촬영된 사진은 곧 역사가 되었다. 훗날 '지

구돋이'라는 이름으로 널리 알려진 그 사진은 우주 속 지구에 대한 기존의 인식을 완전히 바꿨다. 우리는 처음으로 지구가 거대한 우주 암흑 속에서 얼마나 아름답고 고독한 존재인지 확인할 수 있게 되었다. 또한 이 사진은 환경 운동이 출범하는 과정에 큰 기여를 했다.

만일 우주선이 이전 궤도와 동일한 각도를 계속 유지했다면 우주비행사들은 지구가 달의 지평선으로부터 떠오르는 장관을 목격하지 못했을 것이다. 그리고 앤더스가 NASA의 계획을 거스르는 담력을 가지고 있지 않았다면 세상은 이 놀라운 장면을 보지 못했을 것이다.

지금까지 살펴봤듯이 창조적인 과정에서 우리가 가장 두려워하는 악마들은 우리가 올바른 방식으로 대하기만 한다면 방해가 아니라 도움이 될 수 있다. 작품에 관해 처음 가졌던 생각만 고집한다면 그 작품은 우리의 기대를 넘어서지 못할 것이다. 다만 기존의 기대를 충족할 뿐이다. 그러나 우연의 악마가 찾아오도록 조그마한 여유 공간을 남겨둔다면 그는 상상의 한계 너머로 우리를 데려갈 것이다.

이제 알겠는가?

파란색 물감은 어쩌면 당신의 그림이 필요로 한,
바로 그것이었는지도 모른다.

Chapter 9
실패의 악마를 무찌르는 방법

엿 같아 보이는 일이 실제로는 그렇지 않을 때가 있다.
당신의 어깨 위에 앉은 악마의 어깨 위에 천사가 앉아 있다.

by 다비 허드슨

때는 2012년 여름이었다. 스페인의 뜨거운 태양이　
수도 마드리드로부터 북동쪽으로 몇 시간 떨어진
중세 도시 보르하의 고즈넉한 거리를 녹여버릴 듯
내리쬐고 있었다. 그날 한 나이 많은 지역 주민 세실
리아 히메네스는 미제리코르디아 성지 성당에서 잠
시 열기를 피하고 있었다.

그곳에서 조용히 묵상하고 있던 그녀는 화가 엘
리아스 가르시아 마르티네스가 그린 그리스도의 그
림에서 눈을 떼지 못했다. 거의 백 년쯤 된 그 프레
스코화는 조금씩 벗겨지고 있었다. 히메네스는 그게

몹시 마음에 걸렸다. 이 성당은 그녀에게 특별한 장소였다. 그녀는 60년 전에 성당에서 결혼식을 올린 후부터 지금까지 내내 이곳에서 미사를 드렸다. 하지만 그녀는 성당의 재정 상태가 너무 열악해 그림을 복원할 가능성이 거의 없다는 사실을 잘 알고 있었다.

그녀는 결정을 내렸다. 이 결정은 그녀의 삶뿐만 아니라 그녀가 살고 있던 오래된 도시의 삶까지도 바꿔놓았다. 히메네스는 직접 그림을 복원하기로 마음먹었다.

하지만 히메네스의 기술적 역량은 화가의 실력에 한참 못 미쳤다. 그림 속 '하느님의 아들'은 세실리아의 복원 작업 후 놀란 표정을 짓고 있는 영장류의 모습에 가까워지고 말았다. 얼마 후 그 지역의 협회는 그녀가 복원한 결과물을 보았다. 크게 화가 난 협회 사람들은 그녀가 복원한 그림의 사진을 온라인에 올렸다. 히메네스는 아직 작업이 끝나지 않았다고 항변했지만 이미 너무 늦어버렸다. 불과 몇 시간 만에 그림의 복원 전후 사진이 인터넷을 통해 널리

퍼져나가고 말았다.

　영국의 『데일리 텔레그래프』는 '할머니가 DIY 복원으로 19세기 프레스코화를 망쳤다'라는 제목의 기사를 실었다. 프랑스 『르몽드』의 헤드라인은 좀 더 단호했다. '이런 세상에. 그리스도 그림의 복원이 대재앙으로 드러나다.' 미국 TV 프로그램인 《새터데이 나이트 라이브》에는 '감자 예수'라는 이름의 스케치가 등장해서 청중을 웃겨 쓰러지게 만들었다. 온라인 세상 또한 '원숭이 그리스도'라는 밈으로 시끌벅적했다.

우리는 다만 그 81세 할머니가 견뎌냈을 전 세계적인 조롱과 조소를 상상해볼 수 있을 따름이다. 많은 이들이 신성을 훼손했다고 생각했지만 사실은 예술과 예수, 성당을 사랑했을 뿐인 한 여인이 받았을 충격에 대해서 말이다. 그녀는 종적을 감췄고 충격으로 살이 17킬로그램이나 빠졌다고 한다. 그렇게 세실리아 히메네스가 선의를 가지고 했던 창조적 도전은 완전한 실패로 끝나고 말았다. 그것은 열 가지 악마 중에서도 가장 파괴적인 실패의 악마와 더불어 불행한 재앙으로 찾아왔다.

실패의 악마는 그 힘이 두 배나 더 강하다. 그는 자신을 마주할 정도로 불운한 히메네스 같은 이들의 어지러운 상황뿐 아니라 우리 모두를 지배하는 영향력 속에서 유유자적 살아가고 있다. 실패의 악마와 마주칠지 모른다는 생각만으로도 우리는 창조적 행위에 도전하지 못한다. 또는 도전하더라도 좋은 작품을 위대한 작품으로 바꿀 수 있는 의사결정을 좀처럼 내리지 못한다.

우리는 아주 어릴 적부터 실패를 두려워하도록

배웠다. 무언가를 올바로 했을 때 보상을 받고 잘못했을 때 처벌을 받는다. 일반적으로 교육은 이분법적이다. 정답이 있고 오답이 있다. 선생님이 우리가 제출한 숙제를 되돌려주면 학생들은 열심히 녹색 체크 표시를 찾는다. 그리고 잔인한 붉은색 표시와 마주할 때면 움찔한다. 이러한 상황은 비즈니스 세계에서도 그대로 이어진다. 오랫동안 실패를 피해왔다면 미끄러운 폴대를 타고 더 높이 올라갈 수 있을 거라 기대한다. 그렇게 우리는 캐서린 슐츠가 언급한 "작고 끔찍한 올바름이라는 공간" 속으로 들어가게 된다. 그곳은 두려움이 지배하고, 위험은 저주와

도 같으며, 무언가 대단한 일이 일어날 가능성이 전혀 없는 이상하고 위축된 공간이다.

그러나 창의력에 있어서 가장 큰 실패는 '실패를 하지 않는 것'이다.

실패할 가능성을 제거한다면 우리는 진정한 발견의 가능성마저 제거하게 된다.

미지의 영역으로, 즉 진정한 혁신이 일어나는 곳으로 용감하게 들어가고자 할 때, 틀림없이 실패의 악마와 마주치게 된다는 사실을 받아들여야 한다. 우리는 '유레카의 순간', 즉 운 좋은 이들에게 갑작스럽게 주어지는 영감의 순간을 사랑한다. 하지만 앞서 살펴봤듯이 이는 미신에 불과하다.

작가 스티븐 존슨은 이렇게 말했다. "대단히 올바른 역사 뒤에는 그보다 훨씬 더 긴 어둠의 역사, 즉 끊임없이 반복되는 대단히 잘못된 역사가 숨어 있다." 자신의 분야에서 놀라운 성취를 일궈낸 이들의 삶과 작업을 면밀하게 들여다보면, 우리는 막다른 골목과 실수, 잘못된 판단을 수도 없이 발견하게 된다. 알베르트 아인슈타인은 물리학계에서 누구도 하

지 못한 혁신을 일궈냈다. 동시에 그는 누구보다 더 많이 실패했다. 우리가 흔히 천재라고 일컫는 사람들이 내놓은 좋은 아이디어와 나쁜 아이디어의 비율은 일반 사람들의 비율과 그리 다르지 않다. 다만 그들은 엄청나게 많은 아이디어를 밖으로 꺼내 대단한 무언가를 만들어낼 가능성을 높였을 뿐이다.

창조적 성공의 가능성을 결정하는 가장 중요한 요인은 실패의 악마가 당신의 얼굴을 후려칠 때 어떻게 대응할지에 달렸다.

피가 묻은 손수건으로 코를 감싸 쥐고 뒷걸음치면서 실패의 악마가 자신의 길을 가로막도록 허락하겠는가? 아니면 이렇게 생각할텐가? '그가 가까운 곳에 있다는 건 멋진 아이디어를 떠올리기 위한 위험을 감수할 좋은 기회가 왔다는 뜻이야. 다만 내가 예상했던 것보다 조금 더 오래 걸릴 뿐이지.' 이러한 생각은 가장 위대한 혁신가들을 자극했다. 토머스 에디슨은 전구와 축음기, 전화기에 들어가는 탄소 송신기를 발명해 인정받았다. 하지만 그 여정의 뒤에는 사람들의 기억 속에서 잊힌 100여 개의 특허품들이 숨어 있다. 가령 아주 시끄러운 소음을 동반한 전기 펜은 전기를 공급하려면 복잡하고 위험한 화학물질이 담긴 병이 필요해 실용성이 떨어졌다. 그가 발명한 말하는 인형은 목소리가 끔찍하다며 사람들에게 외면받았다.

컴퓨터 엔지니어는 시스템에서 오류를 제거하기 위해 열심히 연구한다. 창조의 과정에서도 똑같은 일만 계속한다면, 우리는 결국 안전하고 반복적이면서 재미없는 작품만을 만들게 될 것이다. 오류가 발생하는 공간은 혁신이 일어나는 공간이기도 하다. 문제는 우리가 창조적인 일에 더 오래 매달릴수록 더 많은 실수를 하고 더 많은 불편함을 느끼게 된다는 것이다. 사람들은 보통 자신의 기술에 대해 잘 알고 있기 때문에 실패가 덜 일어나야 한다고 믿는다. 그래서 가능한 한 도전을 최소한으로 하려고 한다. 그러나 이는 결국 자기만족에 이르는 길일 뿐이다.

성공은 모든 것이 생각한 대로 이뤄졌다는 자기만족적이고 순간적인 느낌 외에는 아무것도 가져다주지 않는다. 반면 실패는 기존에 가정했던 것을 새롭게 평가하도록 우리를 자극한다. 그동안 당연하게 생각해왔던 것에 의문을 품고 새로운 대답을 찾도록 만든다.

마리나 아브라모비치는 자신의 회고록에서 그녀가 교사로 일할 때 학생들에게 1,000장의 종이와 휴지통을 가지고 책상 앞에 앉도록 했던 이야기를 들려줬다. 학생들은 3개월간 매일 몇 시간 동안 떠오르는 아이디어를 종이에 적었다. 그리고 마음에 드는 아이디어는 그대로 두고 그렇지 않은 것은 휴지통에 집어넣었다. 그리고 마침내 1,000장의 종이를 모두 소진했을 때, 아브라모비치는 학생들에게 책상 위에 놓인 종이를 모두 폐기하고 그들이 버린 종이에 적힌 아이디어를 연구하라고 했다. 그녀는 이렇

게 말했다. "쓰레기통은 학생들이 시도하기를 두려
워하는 아이디어의 보물창고입니다."

성장을 견인하는 것은 성공이 아니라 실패다. 실
제로 많은 중요한 과학적, 기술적 혁신은 무언가 계
획대로 되지 않았던 덕분에 가능했다. 나는 이 책을
쓰는 동안 포스트잇 메모지를 유용하게 사용했다.
이 조그맣고 노란 접착식 메모지는 내 노트북 뒤 벽
면을 가득히 메우고 있다. 나는 책에 써야 할 주제를
그곳에 마구 적어놓았다. 덕분에 책의 구성과 씨름
하는 동안 그것들을 쉽게 재배열할 수 있었다. 포스
트잇은 3M 화학 연구원인 스펜서 실버 박사가 초강
력 접착제를 개발하는 과정에서 탄생했다. 결과적으

크리에이티브 웨이

로 그가 개발한 것은 안타깝게도 초강력이 아닌 '초약력' 접착제였다. 그 우연한 혁신의 거대한 잠재력을 깨달은 것은 그로부터 몇 년이 흐른 뒤였다. 실버 박사의 동료인 아트 프라이는 교회에서 합창 연습을 할 때 찬송가 책에서 책갈피가 자꾸 떨어지는 것에 짜증이 났다. 그때 그는 실버가 만든 약하지만 재사용이 가능한 접착제를 떠올렸다.

페니실린과 비아그라, 전자레인지, 엑스레이, 심박조율기, 감자칩, 콘플레이크 등 오늘날 우리가 당연하게 여기는 수많은 제품들이 사실은 포스트잇과 비슷한 발명 스토리를 가지고 있다. 이들 모두 예측 가능하고 엄격한 실험 과정을 거듭해 의도적으로 완성된 결과물이 아니라, 예기치 못한 상황에서 탄생한, 당시에는 원하지 않았던 결과물이었다. 다시 말해 실수였다. 하지만 그러한 결과물이 가치 있는 발명품이 될 수 있었던 것은 그것을 만든 이들이 좌절하지 않고 애초에 생각하지 않았던 새로운 길을 향해 걸어갈 용기, 즉 그것을 실패가 아니라 기회로 바라볼 수 있는 용기를 지닌 덕분이었다.

실패의 악마는 그가 우리의 생각을 지배할 때에만 영향력을 행사할 수 있다. 재즈 피아니스트 허비 행콕은 우리에게 놀라운 이야기를 들려준다. 독일 슈투트가르트의 아늑했던 어느 여름날 저녁, 행콕은 전설적인 재즈 뮤지션인 마일스 데이비스와 함께 무대에서 연주하고 있었다. 모든 게 순조로웠다. 적어도 행콕이 데이비스가 솔로 연주를 하는 도중에 잘못된 코드를 짚기 전까지는 그랬다. 그 순간, 행콕은 움찔하면서 두 손으로 귀를 막았다. 그리고 데이비스를 두려운 눈빛으로 바라봤다. 그는 엄격한 밴드 리더였다. 그러나 행콕은 그다음 데이비스의 반응에 깜짝 놀랐다. "마일스는 잠깐 멈칫하더니 내 코드에 어울리는 음을 연주했어요. 잘못 연주한 코드를 완벽하게 올바른 연주로 만들어줬어요. 듣고도 믿을 수 없었죠."

행콕은 나중에서야 당시 일을 이해할 수 있었다. 데이비스는 행콕이 잘못 짚은 코드를 실수라고 생각하지 않았다. 그는 예상치 못한 순간에도 적절히 대응해 연주를 다른 방향으로 이끌 수 있다고 생각한 것이다. 행콕은 이렇게 덧붙였다. "아주 중요한 가르침을 얻었습니다. 음악뿐만 아니라 인생에 대한 가르침을요."

실패는 잡초와 같다. 잡초를 잡초로 만드는 내재적인 특성 같은 건 없다. 잡초는 다만 우리가 정원에서 원하지 않는 식물일 뿐이다. 실패 또한 하나의 사건일 뿐이다. 그것이 실패가 되는 이유는 우리의 협소한 시각이 그것을 실패라고 규정하기 때문이다. 우리는 자주 스스로에게 이렇게 말한다. '기대했던 결과가 아냐. 그러니 이건 분명 실패야.'

하지만 그것을 바라보는 또 다른 시각이 있다면?

불교에 말을 키우는 한 농부에 관한 우화가 있다. 어느 날 농부가 키우던 말이 도망쳤다. 이웃이 찾아와 그에게 위로를 건넸다. 그러나 농부는 걱정하지 않았다. "걱정해주셔서 감사합니다만, 무엇이 좋고 나쁜지 누가 알겠습니까?"

다음 날 말이 돌아왔다. 들판에서 만난 여섯 마리의 야생마와 함께였다. 다시 한번 이웃이 찾아와 농부에게 축하의 말을 건넸다. 그러나 농부는 기뻐하지 않았다. "감사합니다만, 무엇이 좋고 나쁜지 누가 알겠습니까?"

그다음 날 농부의 아들이 야생말을 길들이다가 말에서 떨어져 다리가 부러지고 말았다. 이번에도 이웃이 찾아와 사고에 애도를 표했다. 농부의 대답은 마찬가지였다. "무엇이 좋고 나쁜지 누가 알겠습니까?"

그리고 다음 날 군대가 농장에 들이닥쳤다. 그들은 분명히 질 게 뻔한 전쟁에 참여할 신체 건장한 젊은 남성을 찾고 있었다. 그러나 농부의 아들은 부러진 다리 덕분에 징집을 면할 수 있었다. 끔찍한 불행처럼 보였던 것이 정반대의 행운으로 드러났다.

이야기는 이렇게 계속된다. 우리는 이 이야기에서 핵심을 이해할 수 있다.

어떤 일이 발생한 순간, 그것이 성공인지 실패인지 정확하게 판단할 수 있다고 생각한다면 그것은 스스로를 기만하는 것이다. 물론 우리는 기존 정보를 가지고 판단을 내릴 수 있다. 하지만 장기적인 관점에서 진실은 꽤나 다른 모습으로 존재감을 드러낸다.

그렇다면 좌절을 겪고 숨어버렸던 세실리아 히메네스는 어떻게 되었을까?

그녀가 세계적인 조롱거리가 되고 며칠이 흘러 보르하에는 예상치 못한 일이 벌어졌다. 관광객들이 마구 몰려든 것이다. 단지 몇 명 정도가 아니었다. 수천 명이 보르하를 찾았고 그들 모두 '감자 예수'를 직접 보고 싶어 했다. 2012년 8월에서 12월까지 5개월 동안 총 45,824명이 미제리코르디아 성지 성당을 찾았다. 그리고 많은 사람이 헌금함에 돈을 넣었다. 사람들의 기억 속에서 오래전에 사라진 마을의 허물어져 가던 성당의 금고가 돈으로 흘러넘치기 시작했다. 성당은 그 돈으로 교회의 복원 공사를 하고 보르하 지역의 가난한 노인들을 지속적으로 돌볼 수 있게 되었다. 하지만 성당 복원가들이 감히 건드리지 못한 한 가지가 있었으니, 그것은 다름 아닌 세실리아 히메네스의 원숭이 그리스도였다.

당신이 창조적 혁신의 기반이 될 위험을 기꺼이 감수하고자 한다면, 다음에 실패의 악마와 마주쳤을

때 그의 눈을 똑바로 바라보면서 한 가지 간단한 질
문을 던지자.

무엇이 좋고 나쁜지 누가 알까?

\ Chapter 10 /

실망의 악마를 무찌르는 방법

단 한 가지 분명한 사실이 있다.
바로 우리에게 결함이 있다는 사실이다.

by 프란츠 카프카

지금쯤 완전히 이해했겠지만 창조는 힘들다. 그림   189
이나 이야기, 곡을 완성하기 위해서는 용기와 끈기
뿐 아니라 우리를 가로막는 악마를 만났을 때도 길
을 잃지 않기 위한 단호한 의지가 필요하다. 모니터
화면에 마지막 문장을 입력하거나 마침내 붓을 내
려놓고 이젤 앞에서 물러나면서 만족감이 파도치듯
밀려드는 것도 그리 이례적인 현상이 아니다. 내가
이것을 해냈다. 많은 어려움에도 불구하고 예전에
없었던 무언가를 만들어냈다. 아직은 인식하기 어려
울지 몰라도, 당신의 내면 깊숙이 어딘가에는 지금

이 작품이 대단히 특별하다는 생각만이 자리 잡고 있을 것이다. 심적 고통과 자기 의심, 창의력의 막다른 골목까지 모두 거쳤으니 이제 가만히 관객과 비평가의 찬사를 기대하면 될까?

정말로… 그런 걸까?

당신이 저작권 수입과 명예박사 학위를 얻고 진실하고 겸허한 마음으로 강연을 의뢰받기를 꿈꾸고 있는 동안, 누군가 쇠막대를 가지고 창문을 열어 당신의 작업실로 슬금슬금 침입하고 있다. 마침내 아침이 왔다. 자신의 걸작 앞에 다시 섰을 때, 당신은 침입자가 그곳에 쪼그리고 앉아 당신의 오만함을 비웃고 있는 모습을 발견한다.

그 침입자의 이름은 실망의 악마다.

어제 당신은 작품 속에서 스스로의 재능과 독창성을 봤다. 그러나 오늘 보이는 것이라고는 진부함과 억지스러움뿐이다. 아이디어가 당신의 머릿속에서 화려하게 타올랐지만 지금 당신이 만들어낸 것은 너무도 형편없어 보인다.

자신감이 증발한다.

희망이 사라진다.

당신이 마치 독재자처럼 나르시시즘을 즐기고 비판적 판단력이 완전히 결여된 사람이 아닌 이상, 유감스럽지만 실망의 악마를 반드시 마주하게 될 것이다. 당신이 예술가라면 그는 분명히 당신의 주변을 어슬렁거리고 있을 것이다. 차량에 침입해 핸드백을 훔치고 햄버거 포장지를 아무렇게나 던져버리다가도 언제든 당신을 만나고자 할 것이다.

1장에서 소개한 존 스타인벡이 기억나는가? 그는 『분노의 포도』를 집필하면서 고통 속에서 길을 헤맸다. 불행한 작가는 이렇게 한탄했다. "내가 글을 제대로 쓰기만 한다면 정말로 훌륭하면서도 미국적인 책이 탄생할 것이다. 무지와 무능력이 나를 짓누르고 있다." 최근 사례로, 영국 작가 윌 셀프는 야심찬 아마추어 작가들에게 조언을 해달라는 요청에 이렇게 답했다. "여러분은 미사여구로 가득한 자신의 글을 들여다볼 때 엄습하는 무능함과 과다 노출의 메스꺼운 느낌을 알고 있습니까? 아무리 큰 성공을 거두고 많은 이에게 칭송을 받는다고 해도 그 끔찍한

191

느낌은 절대 사라지지 않을 테니 안심하세요." 그의 말은 한 가지 절박한 의문을 불러온다. 실망의 악마가 모든 창조적인 사람들의 친숙한 동반자가 되려고 기를 쓴다면, 우리는 어떻게 그와 함께 살아가야 하는가?

가장 먼저 알아둬야 할 점은, 우리가 완성된 작품을 바라보기 위해 한 걸음 물러설 때만 모습을 드러내는 실망의 악마는 대개 아주 특별한 위치를 차지하고 있다는 사실이다. 아이디어와 실행 사이 그리고 개념과 실현 사이에 위치한 어딘가다. 당신이 직접 손으로 완성한 아이디어는 아마도 당신의 머릿속에 들어 있었을 때만큼 매력적이거나 생기발랄하지 않을 것이다. 시인이자 음악가인 케이트 템페스트는 그 간극을 자신의 책 『온 커넥션On Connection』에서 특유의 솔직함을 담아 이렇게 말했다. "글쓰기에서 성공이란 없다. 좀 더 나은 실패만이 있을 뿐이다. 아이디어는 완벽하다. 그것은 숨 막히는 꿈속에서 작가에게로 이동한다. 작가는 몸과 마음으로 아이디어를 품는다. 모든 것이 아이디어를 키운다. 그러나 절대 똑바로 자라나지는 않을 것이다. 작가가 아이디어와 씨름하는 동안 필연적으로 상처가 나기 때문이다."

아이디어를 실현하는 일에 착수하기 전, 당신의 아이디어는 장르와 역량의 제한에 갇혀 있지 않았다. 이제 그 아이디어는 날아오른다. 그리고 필연적으로 비틀거리기 시작한다. 그런데 알고 있는가? 그렇게 탄생한 작품이 볼품 없을 수도 있다. 그리고 상상 속에서 그것을 끄집어내는 과정에서 크게 상처를 입었을 것이다. 그렇지만 적어도 그 아이디어는 실제로 존재하게 되었다. 만지고, 다듬고, 개선할 수 있는 대상이 되었다.

아이디어의 잠재력과 실행의 불완전함 사이 간극을 인식했다는 것은 더 발전해야 한다고 판단을 내렸다는 의미다. 비록 자신의 작품 속 결함을 제거하기 위한 처방책을 당장 가지고 있지 않더라도, 결함을 확인하는 것이 해결을 위한 첫 번째 단계다. 이상하게 들릴 수도 있지만 실망의 악마가 당신의 책상이나 작업실에 살고 있다는 사실은 좋은 소식이 될 수 있다. 부커상을 수상한 작가 앤 엔라이트는 이렇게 말했다. "오직 무능한 작가만이 자신의 작품이 정말로 훌륭하다고 믿는다."

어쨌든 모든 것은 관점의 문제 아닌가?

바로 어제 마지막 구절을 완성하면서 본 시는 마치 천재의 작품 같았다.

그런데 오늘 본 그 시는 완전한 엉터리다. 물론 대부분 그렇듯 진실은 그 사이 어딘가 존재한다. 아마도 작품이 당신이 기대한 만큼 훌륭하지 않을지 몰라도, 지금 보이는 것처럼 나쁜 작품도 아닐 것이다.

실망의 악마는 오로지 작품을 처음에 구상한 사람만을 괴롭힌다는 사실을 명심하자. 관찰자가 아니라 창조자의 눈으로 바라보는 사람 말이다. 당신은 창조자로서 그 작품의 뒤에서 작업했다. 그리고 그 작품이 얼마나 엉망이고 뒤죽박죽인지 안다. 당신은 그 작품 전체가 무너질 것처럼 보이는 그 순간, 바로 그곳에 있었다. 그러나 그 모든 것에도 불구하고 당신은 계속 나아갔다. 그리고 이제 더 나아졌거나 나빠진 상태로 작품은 청중을 기다리고 있다. 청중이 왔을 때, 그들은 그 작품이 당신의 상상 속에서 어떤 방식으로 존재했는지 알지 못한다. 다만 지금 있는 그대로의 모습으로 작품을 감상할 뿐이다. 그리고 전혀 예상치 못한 의미를 부여해 작품을 새롭게 만든다.

실망의 악마는 교활하다. 그는 당신이 창조자가 된 이유가 당신이 그 분야를 사랑하기 때문이라는 사실을 잘 안다. 그리고 당신이 마니아로서 그 분야에서 역사적으로 가장 위대한 작품을 창조하고 싶어 한다는 사실 또한 안다. 악마의 가장 간교한 기술 중 하나는 당신의 평범한 작품을 이미 위대한 성취를 달성해낸 초월적인 작품과 비교하는 것이다. 그렇게 드러난 극명한 수준 차이가 당신을 예술의 여정으로부터 영원히 이탈하게 만들 수 있다고 기대한다.

그런데 만약 당신이 비교 대상의 폭을 좁힌다면?

당신이 방금 막 만든 작품을 역사적으로 위대한 작품이 아니라 당신의 이전 작품과 비교한다면? 그리고 이 과정을 더 많은 작품을 만들어내기 위한 동기로 활용한다면?

이제 21세기에서 벗어나 19세기가 시작될 무렵 일본으로 여행을 떠나보도록 하자. 한 기이하고 창조적인 예술가가 나중에 도쿄가 된 에도 지역에서 창작에 몰두하고 있다. 그의 이름은 가쓰시카 호쿠사이. 그는 '그림에 미친 사람'을 뜻하는 '가쿄진'이란 별명으로 더 잘 알려져 있다. 호쿠사이에게는 그만의 독특한 스타일이 있었다. 그는 전통적인 일본 회화 기법을 서양의 원근법과 결합했다. 창작을 향한 그의 열의는 한계를 몰랐다. 그는 언제나 그림을 그렸다. 발견할 수 있는 모든 평면에 그림을 그렸고 쌀알에서부터 240평방미터 캔버스에 이르기까지 다양한 크기로 작업을 했다. 그는 거리의 삶, 새, 물고기, 식물, 풍경, 인물, 괴물, 황제, 가난한 사람을 그렸다. 호쿠사이는 매일 작업에 몰두했다. 한번은 그의 작업실에 불이 나면서 작품이 모두 불타고 말았다. 그럼에도 그는 계속해서 그림을 그렸다. 또한 방탕한 손자가 도박에 손을 대는 바람에 가족이 살던 집을 날리면서 호쿠사이는 사원에 들어가 살아야 했다. 그곳에서도 그는 작업을 멈추지 않았다. 그가 세상을 떠날 무렵에는 무려 30만 점이 넘는 작품이 남아 있었던 것으로 전해진다.

그가 그렇게 할 수 있었던 동기는 지극히 단순했다. 호쿠사이는 그림을 그릴수록 자신이 눈으로 본 것과 손으로 그린 것 사이의 간극이 점점 더 좁아진다는 사실을 발견했다. 작은 차이라도 보이면 그는 즉시 붓을 집어 들었다.

호쿠사이는 말년에 이렇게 썼다. "나는 여섯 살부

터 그림을 그렸다. 그러나 65세 이전에 그린 것들은 아무런 가치가 없다. 나는 73세에 동물과 식물, 나무, 새, 물고기, 곤충의 진정한 형상을 이해하기 시작했다. 90세가 되면 사물의 비밀을 밝힐 것이다. 그리고 110세가 되면 모든 점과 선이 살아서 움직일 것이다."

호쿠사이는 결국 88세에 눈을 감았고 세상을 떠나는 순간에도 이렇게 말했다고 전해진다. "하늘이 내게 십 년만… 아니, 오 년만이라도 더 허락했다면, 나는 진정한 화가가 될 수 있었을 것이다."

호쿠사이를 지탱했던 것은 자신의 불완전성에 대한 인식이었다. 그는 자신의 결함이 스스로를 창작의 길에서 내쫓도록 내버려두지 않았다. 대신 그러한 결함이 점점 사라질 거라는 깨달음을 앞으로 계속 나아가기 위한 원동력으로 삼았다.

창조자의 삶은 고되다. 물론 당신의 뮤즈가 당신을 향해 미소 짓고, 당신의 작품이 자신의 재능을 넘어선 수준으로 도약하는 환상적인 순간이 찾아올 때가 있다. 이토록 황홀한 순간은 드물지만 당신에게 힘을 불어넣어줄 것이다. 그러나 대부분의 경우, 당신은 예술가로서 자신의 한계를 매 순간 체감하며 실망을 하고, 실망의 악마와 계속되는 소모전을 벌여야 할 것이다.

당신이 지금 이와 같은 어려움을 겪고 있다면, 자신의 아이디어에 생명을 부여하고자 노력하는 모든 창조자들(당신의 예술적 영웅을 포함해서) 모두 비슷한 상황을 겪는다는 사실을 이해해야 한다. 당신이 할 수 있는 가장 중요한 일은, 커티스 메이필드가 노래

했듯이 그럼에도 계속해서 나아가는 것이다. 창작은 인간을 더욱 인간답게 만들어주기 때문이다. 스스로 그렇게 느끼지 않는다고 해도, 당신의 놀라운 상상력과 그 상상을 실물로 만들어내는 역량 사이의 간극은 당신이 붓질을 하고 키보드를 두드리고 펜을 드는 매 순간마다 좁아질 것이다.

나가며

나는 이제 우리가 조금 더 가까워졌다고 생각한다.
그래서 한 가지 솔직하게 고백하려고 한다. 아마도
마지막 페이지에 쓰기에는 다소 순진한 내용일지도
모른다.

사실 나는 이 책을 쓰는 일이 얼마나 힘들지 예상
하지 못했다. 나는 각 장에서 소개하는 바로 그 악마
와 얼굴을 마주하고 있다는 사실에 으스스함을 느
꼈다.

가장 먼저 나는 미루기에 관한 첫 번째 장을 쓰는
일을 미루기 시작했다. 그리고 마침내 글을 쓰기 시

작했을 때 곧바로 의심에 빠졌다. 과연 이 책을 끝까지 마칠 수 있을까? 꾸역꾸역 완성해도 내 글이 읽을 만한 가치가 있다고 생각하는 사람이 있을까?

다음으로 나는 내가 인정하고 싶은 현실보다 훨씬 더 자주 텅 빈 페이지를 바라보고 있어야만 했다. 또한 전염병이 확산되면서 집 안에 있는 계단 옆에 놓인 책상에 틀어박혀 글을 써야 하는 제약에 맞서 싸워야 했다. 더군다나 사기를 꺾는 실망감은 내가 전날 마구 쓴 내용을 다시 읽어볼 때마다 드는 첫 번째 감정이었다. 세심한 독자라면 아마도 이 책에서 한두 가지의 결함을 발견할 것이다.

많은 글을 읽고 조사를 하고 독창적인 창조자들과 오랫동안 인터뷰를 나눴음에도, 그리고 그들의 모든 경험을 공유하고 창조적 과정에 관한 통찰력을 어렵사리 얻었음에도, 나는 거의 모든 곳에서 악마들을 마주치는 일을 피할 수 없었다.

이는 창조적 악마의 본질이다. 그들은 절대 완전히 죽지 않는다. 그들은 우리 자신의 연장선이자 또 다른 에고다. 그래서 나는 내 경험을 바탕으로 쓴 이 책에서 악마를 '그'라고 언급했다. 지금쯤 알고 있겠지만, 당신은 악마들의 날카로운 가시를 피할 수 있고 그들의 짓궂은 계략으로부터 자기 자신을 지킬 수 있다. 하지만 또한 우리가 같이 살펴봤듯이 악마를 내 곁에 둠으로써 얻을 수 있는 이익도 있다.

우연과 도둑질, 비판, 실망, 의심, 실패의 악마들 모두 우리가 올바로 대처하기만 하면 창조의 과정을 개선하는 데 도움을 준다.

곰곰이 생각해보면 이 책의 제목이 완전히 적절하지는 않은 듯하다.

'창조적 악마와 그들을 죽이는 법'(이 책의 원제)이라는 제목보다는 '창조적 악마, 이전에는 몰랐지만 당신이 원하는 작품을 완성하는 데 너무나 중요해서 결코 벗어날 수 없는 자신의 일부인 악마들과 함께 살아가는 방법'이 더 정확할 것이다.

그러나 이는 너무 장황하다.

이 책을 읽어줘서 감사하다. 즐거운 시간이었기를 바란다. 계속해서 이어질 창조적 여정에 행운이 함께하기를 바란다.

나가며

오, 그리고 창조적 악마를 만나게 되거든 부디 안부를 전해주길 바란다.

미주

9쪽 "창작하는 사람의 관점에서 바라볼 때, 모든 것은 도박이자 미지의 세계로 뛰어드는 일이다.": *Infinity Net: The Autobiography of Yayoi Kusama*, English edition © Tate Enterprises Ltd 2011

17쪽 "닥치고 그냥 해.": Gustave Flaubert, letter to Miss Amélie Bosquet, 20 August 1866. 이 문장을 알게 해준 헬렌 심프슨에게 감사하다. 그녀는 이 문장을 포스트잇에 써서 벽에 붙이고 미루기의 악마가 찾아올 때마다 마음을 다잡았다고 한다.

23쪽 "나는 작가가 아니다.": John Steinbeck, *Working Days*, 1990

24쪽 "내 그림은 죽었다….": Gail Mazur, *Zeppo's First Wife*, 2005

205

25쪽 "오늘의 당신은 당신이다!": Dr Seuss, *Happy Birthday to You!*, 2005

30쪽 "글을 쓰는 것은 밤중에 차를 운전하는 것과 같다.": E.L. Doctorow, 'The Art of Fiction', 1986

30쪽 "사람들은 예술가가 목표를 가지는 것이 대단히 중요하다고 생각한다.": Martin Gayford, *Modernists and Mavericks*, 2018

35쪽 "좋은 노래가 어디서 탄생하는지 알았다면, 그곳에 기꺼이 더 자주 갔을 텐데.": Paul Zollo, *Songwriters on Songwriting*, Cambridge, MA: Da Capo Press, 2003

38쪽 "'넌 아무것도 그릴 수 없을 거야'라고 화가에게 말하는 텅 빈 캔버스를 바라보는 게 얼마나 사람을 무력하게 만드는지 넌 모를 거야.": Vincent van Gogh, letter dated 2 October 1884, *The Letters of Vincent van Gogh*, 1996

45쪽 "위대한 천재는 때로 가장 게으름을 부릴 때 최고의 성취를 이뤄내는 법입니다.": Walter Isaacson, *Leonardo da Vinci: The Biography*, 2017

47쪽 "느린 산책은 성찰로 이어지고, 성찰은 시로 이어진다.": https://www.theguardian.com/books/ng-inter-active/2020/nov/07/caught-in-times-current-margaret-atwood-on-grief-poetry-and-the-past-four-years

48쪽 2014년 스탠퍼드대학교 과학자들의 연구에 관해 더 알고 싶다면 다음을 참고하라: Marily Oppezzo and

206

Daniel L. Schwartz, 'Give Your Ideas Some Legs: The Positive Effect of Walking on Creative Thinking', *Journal of Experimental Psychology: Learning, Memory and Cognition*, 2014, 40 (4), 1142-1152

50쪽 "우리는 물고기를 만들어내지 않습니다.": David Lynch, *Catching the Big Fish*, 2006

50쪽 "항상 이야기가 제 주변 어딘가에서 떠돌아다니고 있다는 느낌이 듭니다.": https://www.bbc.co.uk/programmes/m000bxpd

50쪽 "아이디어는 우리 내면에서 불쑥 솟아나지 않습니다.": https://www.instagram.com/rickrubin/

51쪽 "심연의 끝자락" "포기하는 순간 나는 갑자기 다시 한 번 살아난다.": Brian Eno, *A Year with Swollen Appendices*, 2020

57쪽 "당신이 자신감으로 가득한 상태에서 무슨 일을 했을지 상상해보고, 바로 그 일을 하라.": Musa Okwonga, *In The End, It Was All About Love*, Aylesbury: Rough Trade Books, 2021

66쪽 "글을 쓰고 있을 때 내 생각은 즉흥적인 흐름으로 모습을 갖춰나가면서 적절한 단어로 치장을 한다.": Oliver Sacks, *The River of Consciousness*, 2017

70쪽 "모든 사물은 다른 사물을 감춘다.": Brian Eno, *A Year with Swollen Appendices*, 2020

75쪽 "초심자의 마음속에는 수많은 가능성이 존재하지만, 전문가의 마음속에는 거의 없다.": Shunryū Suzuki, *Zen Mind, Beginner's Mind*, Boulder, CO: Shambhala Publications, 2011

85쪽 2021년 『네이처』에 발표된 연구에 관해 더 알고 싶다면 다음을 참고하라: 'People Systematically Overlook Subtractive Changes', www.nature.com

86쪽 이는 나이가 들어가면서 창의력 테스트에서 점수가 하락하는 이유를 설명해준다.: '8 Exercises to Quickly Boost Creative Thinking in Teams', www.medium.com

91쪽 "자신이 일하는 분야에서 안전하다고 느낀다면 그것은 자신이 올바른 곳에 있지 않다는 의미입니다.": https://www.youtube.com/watch?v=cNbnef_eXBM&ab_channel=StuartSemple

92쪽 "대단히 흥미로운 문제를 스스로에게 던지고 자신만의 해결책을 발견하려고 시도한다면, 조만간 당신은 당신의 고독함 덕분에 스스로를 발견할 기회를 얻게 될 겁니다.": Joe Fig, *Inside the Painter's Studio*, 2009

95쪽 "모든 벽은 문이다.": Ralph Waldo Emerson, *The Complete Works of Ralph Waldo Emerson*, 2006

105쪽 "모리스, 이보다 더 잘 그릴 수 있는 그림이 있나요?" : Katie Roiphe, *The Violet Hour*, 2016

107쪽 "우리에게 없는 것을 계속 확인하는 일을 그만두고 우리가 했던 일과 더불어 앞으로 할 수 있는 일을 생각하기 시작했을 때": https://medium.com/@halkirkland_

53414/limitation-breeds-innovation-embrace-it-9539d
b2b5d64

108쪽 "자신의 한계가 목표를 달성하는 길을 가로막도록 내
버려둘 필요는 없습니다.": https://www.telegraph.co.uk/
travel/arts-and-culture/agoraphobic-traveller-instagram-
google-street-view-photography/

109쪽 한 실험에서 연구원들은 대학생을 대상으로 새로운
발명품을 제안하라는 과제를 냈다: This experiment
was cited in Patricia Stokes, 'Variability, Constraints and
Creativity', *American Psychologist*, April 2001

115쪽 "비판이 두려우면 아무것도 하지 말고, 아무 말도 하
지 말고, 아무런 존재도 되지 마라.": attributed to Elbert
Hubbard

117쪽 "작업실에서 그림을 그릴 때, 그곳에는 많은 이들이 당
신과 함께 있다.": https://www.youtube.com/watch?v=
h8eczPx7OZo&ab_channel=itsmethecmp

120쪽 "프레슬리에게는 이렇다 할 노래 실력이 없다.": Jack
Gould, *New York Times,* 6 June 1956

123쪽 "그때 매디슨가 반대편으로 걸어 내려갔더라면 지금
쯤 저는 세탁소 일을 하고 있었을 겁니다.": Dr Seuss,
The Annotated Cat, 2007

123쪽 "연기도 못하고 노래도 못한다. 다소 건방지다. 춤은
좀 춘다.": cited in Leslie Halliwell, *The Filmgoer's Book of
Quotes*, London: Hart-Davis MacGibbon, 1973

127쪽 "이렇게 내보낼 순 없어요.": Laurent Bouzereau, *Hitchcock, Piece by Piece*, 2010

128쪽 "제게 최고의 애정과 인성, 격려를 보여주고 지속적으로 도움의 손길을 내밀어준 네 사람에게 특별한 감사를 드립니다.": 'Alfred Hitchcock Accepts the AFI Life Achievement Award in 1979', https://www.youtube.com/watch?v=pb5VdGCQFOM&t=194s

129쪽 "사람들이 당신에게 무언가 잘못되었고 문제가 있다고 지적할 때, 그 이야기는 대부분 옳다.": https://www.theguardian.com/books/2010/feb/20/ten-rules-for-writing-fiction-part-one

130쪽 "낯선 사람이 읽는 것처럼, 또는 더 나아가 내 적이 읽는 것처럼 자신의 작품을 읽어보라.": https://www.theguar-dian.com/books/2010/feb/20/10-rules-for-writing-fiction-part-two

133쪽 "인류 진화의 현시점에서 당신이 훔칠 만한 무언가를 가진 사람은 도둑뿐이다.": Jeff Tweedy, *How to Write One Song*, London: Faber & Faber, 2020

140쪽 2018년 과학자들의 연구에 관한 추가 정보를 알고 싶다면 다음을 참고하라: 'Reconstructing the Neanderthal Brain Using Computational Anatomy', www.nature.com

142쪽 "말이든 글이든 간에 표절 없이 인간의 이야기 속에 무언가 대단한 게 있기라도 했던 것처럼!": Mark Twain, *Twain's Letters*, 2014

143쪽 "나는 새로운 것을 개발하지 않았다.": Anthony Brandt and David Eagleman, *The Runaway Species*, 2017

144쪽 '위대한 아이디어를 훔치는 뻔뻔함': https://www.youtube.com/watch?v=PdTXS32nAQk

145쪽 "아이디어 차용에 열광하는": https://www.theredhandfiles.com/originality-hard-to-obtain/

147쪽 "중요한 것은 어디서 가져오느냐가 아니라 어디로 가져가느냐다.": https://fs.blog/2020/04/shoulders-of-giants/

149쪽 "계획대로 되는 일은 없다. 작업이 나를 책임져야지, 내가 작업을 책임진다는 뜻이 아니다. 얼마나 다행인가!": https://www.bbc.co.uk/iplayer/episode/m000nx23/maggi-hambling-making-love-with-the-paint

154쪽 "영화에서 가장 위대한 요소는 신성한 우연입니다.": 'They'll Love Me When I'm Dead', Netflix, 2018

157쪽 "모든 훌륭한 소설을 떠올려볼 때, 어느 누구도 그러한 작품을 창조할 만큼 똑똑하지 않다.": https://www.theguardian.com/books/2020/oct/04/hilary-mantel-wolf-hall-mantel-pieces

159쪽 "그와 비교할 만한 다른 느낌은 없다. 그것은 최고의 경험이다.": https://www.bbc.co.uk/programmes/m000p6wd

161쪽 "'사과' '아들' '이' 등등 어떤 단어라도 좋습니다.": Joe Fassler, *Light the Dark*, 2017

167쪽 "엿 같아 보이는 일이 실제로는 그렇지 않을 때가 있다.": Darby Hudson, *100 Points of ID to Prove I Don't Exist*, self-published, https://www.etsy.com/listing/947245231/100 -points-of-id-paperback

173쪽 "작고 끔찍한 올바름이라는 공간": https://www.ted.com /talks/kathryn_schulz_on_being_wrong?language=en

174쪽 "대단히 올바른 역사 뒤에는 그보다 훨씬 더 긴 어둠의 역사, 즉 끊임없이 반복되는 대단히 잘못된 역사가 숨어 있다.": Steven Johnson, *Where Good Ideas Come From*, 2010

178쪽 "쓰레기통은 학생들이 시도하기를 두려워하는 아이디어의 보물창고입니다.": Marina Abramović, *Walk Through Walls*, 2016

180쪽 "마일스는 잠깐 멈칫하더니 내 코드에 어울리는 음을 연주했어요.": https://www.youtube.com/watch?v=FL4Lx rN-iyw&ab_channel=SafaJah

187쪽 "단 한 가지 분명한 사실이 있다. 바로 우리에게 결함이 있다는 사실이다.": Gustav Janouch, *Conversations with Kafka*, 2012

191쪽 "내가 글을 제대로 쓰기만 한다면 정말로 훌륭하면서도 미국적인 책이 탄생할 것이다.": John Steinbeck, *Working Days*, 1990

191쪽 "여러분은 미사여구로 가득한 자신의 글을 들여다볼 때 엄습하는 무능함과 과다 노출의 메스꺼운 느

낌을 알고 있습니까?": https://www.theguardian.com/
books/2010/feb/20/10-rules-for-writing-fiction-part-two

192쪽 "글쓰기에서 성공이란 없다.": Kae Tempest, *On Connection*, 2020

194쪽 "오직 무능한 작가만이 자신의 작품이 정말로 훌륭하다고 믿는다.": https://www.theguardian.com/books/2010/feb/20/ten-rules-for-writing-fiction-part-one

197쪽 "나는 여섯 살부터 그림을 그렸다.": https://www.bbc.co.uk/programmes/b08w9lv6

213

함께 읽으면 좋은 책

국내 번역된 책

구스타프 야누흐, 『카프카와의 대화』, 지만지(지식을만드는지식),
2013.

데이비드 린치, 『꿈의 방』, 그책, 2019.

데이비드 린치, 『데이빗 린치의 빨간방』, 그책, 2008.

데이비드 이글먼, 앤서니 브란트, 『창조하는 뇌』, 쌤앤파커스,
2019.

레너드 믈로디노프, 『유연한 사고의 힘』, 까치, 2018.

마틴 게이퍼드, 『현대 미술의 이단자들』, 을유문화사, 2019.

매슈 사이드, 『다이버시티 파워』, 위즈덤하우스, 2022.

모리스 샌닥, 『괴물들이 사는 나라』, 시공주니어, 2002.

미하이 칙센트미하이, 『몰입 Flow』, 한울림, 2004.

미하이 칙센트미하이, 『창의성의 즐거움』, 북로드, 2003.

빈센트 반 고흐, 『고흐의 편지』, 펭귄클래식코리아(웅진), 2011.

스티븐 존슨, 『탁월한 아이디어는 어디서 오는가』, 한국경제
신문, 2012.

스티븐 코틀러, 제이미 윌, 『불을 훔친 사람들』, 쌤앤파커스, 2017.

스티븐 킹, 『유혹하는 글쓰기』, 김영사, 2017.

오스틴 클레온, 『훔쳐라, 아티스트처럼』, 중앙books(중앙북스),
2020.

올리버 색스, 『의식의 강』, 알마, 2018.

월터 아이작슨, 『레오나르도 다빈치』, arte(아르테), 2019.

제리 살츠, 『예술가가 되는 법』, 처음북스, 2024.

조지 손더스, 『작가는 어떻게 읽는가』, 어크로스, 2023.

조 페슬러, 『이 문장은, 내 삶을 완전히 바꾸어 놓았다』, 위즈
덤하우스, 2019.

조 피그, 『뉴욕 화가들의 내밀한 작업실』, 비즈앤비즈, 2017.

캐서린 슐츠, 『오류의 인문학』, 지식의날개(방송대출판문화원),
2014.

케이티 로이프, 『바이올렛 아워』, 갤리온, 2016.

패티 스미스, 『저스트 키즈』, 아트북스, 2012.

215

Albert Camus, *Create Dangerously*, London: Penguin, 2018.

Arne Dietrich, 'The Cognitive Neuroscience of Creativity', *Psychonomic Bulletin & Review*, 2004, 11 (6), 1011-1026.

Brian Eno, *A Year with Swollen Appendices: Brian Eno's Diary*, London: Faber & Faber, 2020.

Chris Wilson, *Horse Latitudes*, London: Sorika, 2013.

Corita Kent and Jan Steward, *Learning by Heart: Teachings to Free the Creative Spirit*, New York: Allworth Press, 2008.

Dr. Seuss, *Happy Birthday to You!*, London: HarperCollins Children's Books, 2005.

Dr. Seuss, *The Annotated Cat: Under the Hats of Seuss and his Cats*, with an introduction and annotations by Philip Nel, New York: Random House, 2007.

E.L. Doctorow, 'The Art of Fiction', interview by George Plimpton in *Paris Review*, Winter 1986, 94 (101).

Erik Kessels, *Failed It! How to turn mistakes into ideas and other advice for successfully screwing up*, London: Phaidon, 2016.

Gail Mazur, *Zeppo's First Wife: New and Selected Poems*, Chicago: University of Chicago Press, 2005.

Jeff Tweedy, *How to Write One Song*, London: Faber & Faber, 2020.

John Steinbeck, *Working Days: The Journals of The Grapes of Wrath,*

216

1938-1941, edited by Robert J. DeMott, New York: Penguin Books, 1990.

Kae Tempest, *On Connection*, London: Faber & Faber, 2020.

Laurent Bouzereau, *Hitchcock, Piece by Piece*, New York and London: Abrams, 2010.

Marina Abramović, *Walk Through Walls: A Memoir*, London: Penguin Books, 2016.

Mark Twain, *Twain's Letters, Volume 2, 1867-1875*, CreateSpace, 2014.

Musa Okwonga, *In The End, It Was All About Love*, Aylesbury: Rough Trade Books, 2021.

Nancy C. Andreasen, *The Creative Brain: The Science of Genius*, New York: Plume, 2006.

Nick Cave, The Red Hand Files (www.theredhandfiles.com).

Paul Zollo, *Songwriters on Songwriting*, Cambridge, MA: Da Capo Press, 2003.

Ralph Waldo Emerson, *The Complete Works of Ralph Waldo Emerson: Natural History of Intellect, And Other Papers...*, Ann Arbor, MI: University of Michigan Library, 2006.

Shunryū Suzuki, *Zen Mind, Beginner's Mind*, Boulder, CO: Shambhala Publications, 2011.

감사의 글

내 이름이 책 표지에 커다랗게 박혀 있지만, 많은 사람의 소중한 도움과 지지가 없었더라면 이 책은 세상에 나오지 못했을 것이다. 그들에게 진심 어린 감사를 드린다.

언제나 열정적인 니콜라 데이비스에게 감사를 전한다. 그는 모든 일을 가능하게 도와줬다. 조 라이트풋의 경험과 통찰력이 없었더라면 출판사가 나를 진지하게 고려해줬을지 확신이 없다. 로저와 모하라, 라몬을 비롯한 템즈앤허드슨 출판사 팀원들 모두에게 감사를 드린다. 그들 모두 이 책이 나오기까지 최선을 다했다. 프레이저와 알렉스는 이 책을 훌륭하게 다듬어줬고, 편집자인 베키 피어슨은 섬세하면서도 중요한 조언을 우아하게 건네주었다. 덕분에 내 글은 한층 더 멋지게 탈바꿈했다. 너무나 소중한 내 친구 토이 파이프스는 내 글을 일찍이 읽었고 모든 내용이 어렵지 않았다는 말로 나를 안심시켜줬다. 알 머피 씨는 감사하게도 책의 여백을 채워줬다. 앞으로 그에게 많은 마티니를 대접해야 할 것 같다. 내 아내이자 친구, 스승 그리고 영감의 원천인 케이트 슈터에게 고맙다. 그녀가 없었더라면 이 일은 하나도 이루어지지 않았을 것이다. 다음으로 작품 창조에 몰두하는 모든 작가와 음악가, 공연가, 아티스트에게 감사를 표한다. 그리고 마지막으로 나의 악마들에게 고맙다. 그들이 없었다면 이 책은 결코 지금의 모습으로 나오지 못했을 것이다.

219

♡ **리처드 홀먼**

옮긴이 박세연

고려대 철학과를 졸업하고 글로벌 IT 기업에서 마케터와 브랜드 매니저로 일했다. 현재 파주
출판단지 번역가 모임 '번역인'의 공동대표를 맡고 있다. 『20%만 쓰는 연습』『의미의 시대』
『고객이 찾아오는 브랜드는 무엇이 다른가』『어떻게 민주주의는 무너지는가』『이카루스 이
야기』 등 인문학과 비스니스가 만나는 곳에서 지금까지 80여 권의 책을 우리말로 옮겼다.

크리에이티브 웨이

1판 1쇄 발행 2024년 4월 30일

지은이 리처드 홀먼
그린이 알 머피
옮긴이 박세연
발행인 박명곤 **CEO** 박지성 **CFO** 김영은
기획편집1팀 채대광, 김준원, 이승미, 이상지
기획편집2팀 박일귀, 이은빈, 강민형, 이지은, 박고은
디자인팀 구경표, 구혜민, 임지선
마케팅팀 임우열, 김은지, 이호, 최고은

펴낸곳 (주)현대지성
출판등록 제406-2014-000124호
전화 070-7791-2136 **팩스** 0303-3444-2136
주소 서울시 강서구 마곡중앙6로 40, 장흥빌딩 10층
홈페이지 www.hdjisung.com **이메일** support@hdjisung.com
제작처 영신사

© 현대지성 2024

"Curious and Creative people make Inspiring Contents"
현대지성은 여러분의 의견 하나하나를 소중히 받고 있습니다.
원고 투고, 오탈자 제보, 제휴 제안은 support@hdjisung.com으로 보내 주세요.

현대지성 홈페이지

이 책을 만든 사람들
기획 박일귀 **편집** 이지은, 이은빈 **디자인** 구혜민